ローアン・ブリゼンディーン
Louann Brizendine, M.D.
小泉和子 訳

深層心理のメカニズム

The Female Brain

女性脳の特性と行動

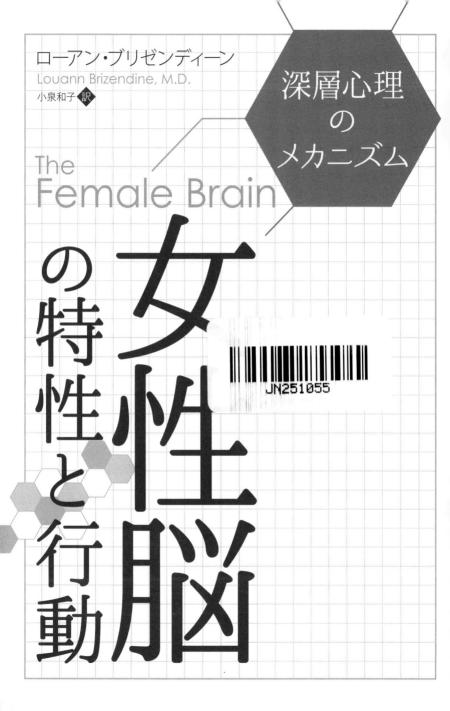

The Female Brain
by Louann Brizendine, M.D.

This translation published by arrangement with Broadway Books,
an imprint of the Crown Publishing Group, a division of Penguin Random House, LLC
through Japan UNI Agency, Inc., Tokyo

夫のサミュエル・ハーバード・バロンデスに
息子のジョン・ホイットニー・ブリゼンディーンに
そして亡き母、ルイーズ・アン・ブリゼンディーンとの美しい思い出に

目次

第3章　愛と信頼を求めて……99

第4章　へその下の脳……129

第5章　ママの脳

※本文中の研究データ・統計は原書出版時（二〇〇六年）のものです。ご了承ください。

女性の脳

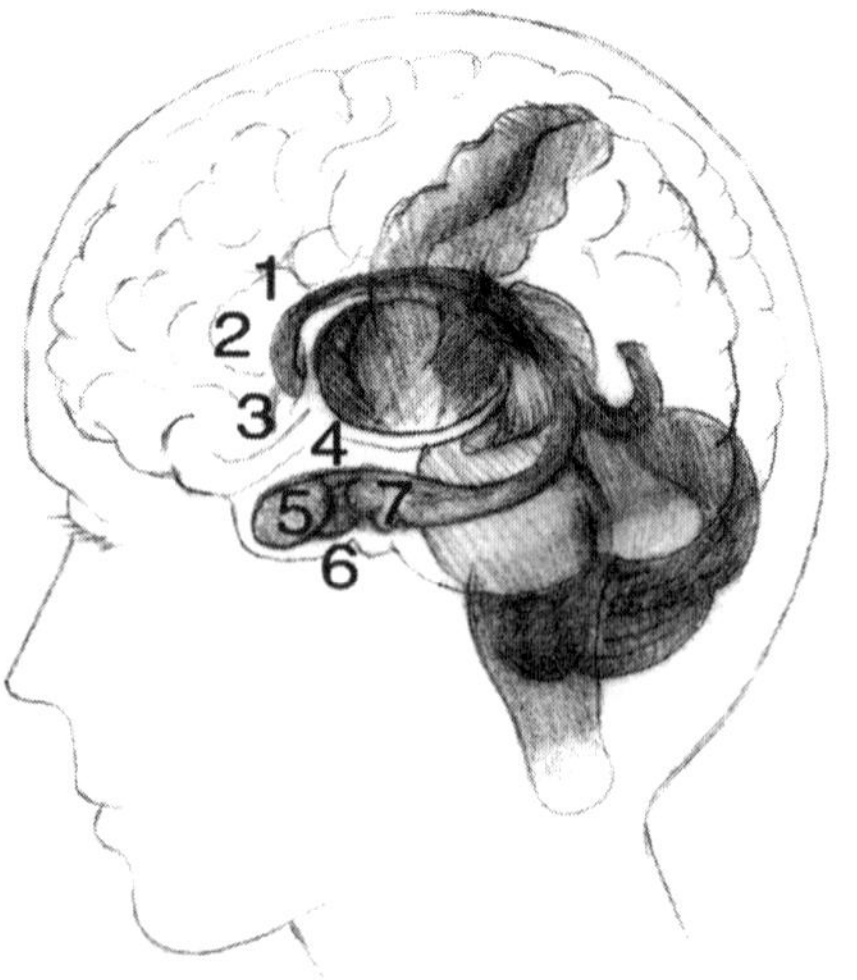

1．**前帯状皮質（ACC）**：重み（ウエート）をつけた選択、意志決定。心配性の中枢で、男性より女性のほうが大きい。

2．**前頭前野（PFC）**：感情を律して暴走を防ぐ女王。扁桃にブレーキをかけるところ。女性のほうが大きく、男性より１～２年早く成熟する。

3．**島**：体感的直感を処理する中枢。女性のほうが大きく活動的。

4．**視床下部**：ホルモン交響楽団の指揮者。生殖腺に発進の合図を送る。女性のほうが早く活動がはじまる。

5．**扁桃**：内なる野獣。本能の中核で、PFC だけが飼いならすことができる。男性のほうが大きい。

6．**下垂体**：生殖ホルモン、母乳を産生し、慈しみや世話好き行動を起こさせる。ママの脳を活性化させる助けをする。

7．**海馬**：物覚えが抜群で、ケンカやロマンチックな出会い、優しいひとときなどを決して忘れない——そしてひとにも忘れさせない。女性のほうが大きくて活発。

神経ホルモンの役者たち――ホルモンはどんなふうに女性の脳に影響するか

◎エストロゲン

ホルモンの女王、全力投球で力強く支配している。ときにはあらゆる業務に気をくばり、ときには積極的な誘惑者となる。ドーパミン、セロトニン、オキシトシン、アセチルコリン、ノルエピネフリン（よい気分にしてくれる脳内化学物質）の仲間。

◎プロゲステロン

背後に控えているが、エストロゲンの力強い姉妹。断続的に登場し、ときどき嵐をはらむ黒雲を集めてエストロゲンの効果をひっくり返す。ほかのときは穏やかな仲介者。アロプレグナノロン（脳内のベイリウム、つまり鎮静剤）の母。

◎テストステロン

迅速果敢、集中力があり、全力投球、男性的。強引な誘惑者。攻撃的で情け容赦ない。甘い顔をしている暇はない。

［主役級ではないが――やはり女性の脳に影響するホルモン］

◎オキシトシン

甘え声のふわふわした子ネコ。優しく慈しみ深い大地の母。「オズの魔法使い」のよい魔女グリンダ。人助けや世話焼きに喜びを見いだす。バソプレッシン（男性の社会性ホルモン）の姉妹、エストロゲンの姉妹、ドーパミン（これもよい気分にしてくれる脳内化学物質）の姉妹。

◎コルチゾール

ストレスでへとへと、ふらふら。身体的、感情的にきわめて敏感。

◎バソプレッシン

秘密主義で背景にひそむ。微妙に攻撃的な男性エネルギー。テストステロンの兄弟、オキシトシンの兄弟（オキシトシンのようにつながりをもちたがるが、その方法は積極的、男性的）。

◎ＤＨＥＡ

あらゆるホルモンの源泉。どこにでも進入して存在し、人生を霧のように覆っている。エネルギッシュ。テストステロンとエストロゲンの父であり母で「ホルモンの母」と呼ばれている。ホルモンのゼウスでありヘラ。若者にはたっぷりあるが、老齢になるとほとんどなくなる。

◎アンドロステディオン

卵巣のテストステロンの母、生意気屋さん。若いうちはすこぶる元気で、閉経で衰え、卵巣とともに死滅する。

◎アロプレグナノロン

贅沢でおっとりしていて優しい、プロゲステロンの娘。彼女がいないとわたしたちは気難しくなる。誘惑し、鎮め、なだめ、どんなストレスも中和するが、彼女がいなくなったとたんに苛立たしく落ちこんだ気分になる。彼女がとつぜん姿を消すことが、生理がはじまる三、四日前に起こるＰＭＳ（月経前症候群）の物語の中心。

女性のライフサイクル

ホルモンは脳がどんな行動に関心をもつかを決める。ホルモンは慈しみや社会的行動、性的行動、攻撃的行動などを導く。またおしゃべりや色っぽい言動、パーティーを開いたり参加したりすること、礼状を書くこと、子どもたちの遊びの予定を立てること、かわいがり甘やかすこと、身じまい、だれかの気分を害したのではないかという心配、競争、自慰やセックスの誘いなどにも影響を及ぼす。

	胎児期
おもなホルモン変化	男性の脳も高レベルのテストステロンの影響を受けずに成長、発達する。
女性だけにあること	脳細胞はXX。これは脳の迅速な発達と女性特有の回路を促す遺伝子が多いことを意味する。
女性特有の脳の変化	コミュニケーション、体感的直感、感情的な記憶、怒りの抑制などの女性の脳の回路が障害なしに発達する、これらの細胞を死滅させる高レベルの男性ホルモン、テストステロンは存在しない。
現実の変化	コミュニケーション、感情や社会的ニュアンスの読みとり、慈しみのスキルなどの回路が多い。脳の両半球を使うことができる。

幼年期	生後六カ月から一二カ月に大量のエストロゲンが分泌され、その後の少年少女期に産出が止まる。	生後二年くらいまではエストロゲン・レベルが高い。	言語と感情の回路が強化される。	主として男の子ではなく女の子と一緒に遊んだり楽しんだりすることに関心をもつ。
思春期	エストロゲン、プロゲステロン、テストステロンが増加し、毎月周期的に変化するようになる。	エストロゲンが多く、テストステロンが少ない。女の子の脳は男の子の脳より二年ほど早く発達する。	ストレス、言語、感情、性的回路が発達し、敏感になる。	おもな関心は性的な魅力に向けられ、恋愛に必死になり、両親を避ける。
性的成熟期 単身女性	エストロゲン、プロゲステロン、テストステロンが毎月、また日々変化する。	人間関係、生涯の伴侶を見つけること、キャリアや仕事の選択、仕事と家庭の両立にとくに関心が集中する。	意志決定と感情コントロール回路の早い成熟。	配偶者、恋愛、キャリア開発におもな関心が向けられる。
妊娠	プロゲステロン、エストロゲンの大幅な増加。	巣づくりと家族がどう養われるかにおもな関心が向き、キャリアや競争への関心は薄れる。	ストレス回路が抑制される。脳はプロゲステロンで鎮静化され、萎縮する。胎児と胎盤から産出されるホルモンが脳と身体を支配する。	主たる関心は自分の身体的状態、疲労や吐き気や空腹との闘いと、胎児に障らないこと、職場で生きのびることと、産前産後休暇の計画に向けられる。

授乳	オキシトシン、プロラクチン。	とくに赤ん坊に関心が集中する。	ストレス回路は依然として抑制されている。育児優先で性と感情の回路はあとまわし。	関心の中心は疲労との闘い、乳首の痛み、母乳の出方、次の二四時間をどう切り抜けるか。
育児	オキシトシン、エストロゲンとプロゲステロン、テストステロンの周期的変化。	セックスへの関心が薄れ、子どもの心配が多くなる。	ストレス、不安、感情的なつながりの回路の機能が上昇する。	子どもの幸せや発達、教育、安全に大きな関心。ストレスの増大、仕事との両立も課題。
閉経期前後	エストロゲン、プロゲステロン、テストステロンの周期の乱れ。	性への関心が揺れる。睡眠パターンの乱れ、疲労、不安、気持ちの動揺、ほてり、苛立ち。	脳の一部の回路でエストロゲン感度が低下する。	一日一日を生きのびること、身体的、感情的な波への対応におもな関心が向く。
閉経	エストロゲンの低下とプロゲステロンの消滅。卵胞刺激ホルモン／黄体化ホルモン比の上昇。	ホルモンによって起こる脳の最後の激変。	エストロゲン、オキシトシン、プロゲステロンを燃料としていた回路の衰退。	健康の維持、心身の状態の改善、新たなチャレンジにおもに関心をもつ。
閉経後	エストロゲンとテストステロンの低位安定、オキシトシンの低下。	さらに穏やかになる。	ストレス反応回路が鈍くなり、以前より感情的でなくなる。	自分のしたいことをすることに主たる関心が向く。他者の世話をすることにはあまり関心がなくなる。

はじめに　わたしたちは何によって女性になるのか

男性と女性の遺伝子コードは九九パーセント以上がまったく同一である。三万個あるヒトゲノムの遺伝子のうち、性によって違うのは一パーセント弱、ほんのわずかでしかない。だが、この違いは――喜びや苦痛を感じる神経から知覚、思考、感じ方、情動を伝達するニューロン（神経細胞）まで――身体のすべての細胞に影響する。

見る者が見れば、女性の脳と男性の脳は同じではない。身体の大きさを考慮にいれてもなお、男性の脳のほうが九パーセント程度大きい。そのために一九世紀の科学者は、女性のほうが知的能力が劣っていると解釈した。しかし女性も男性も脳細胞の数は同じだ。女性のほうがコルセットで締めあげるように小さな頭蓋にぎっちりと脳細胞が詰めこまれている。

二〇世紀の大半を通じてほとんどの科学者は、生殖機能を除けば神経学的にもその他のあらゆる面でも女性は基本的に小型の男性であるとみなしてきた。女性の心理および生理にかんする根強い誤解の核心にはこの想定があった。脳の相違をもう少し深く調べれば、男性は何によって男性になり、女性は何によって女性になるのかが明らかになる。

一九九〇年代まで、男性とは異なる女性の生理学、神経解剖学、心理学というものに研究者はほとんど関心をもたなかった。

わたしは一九七〇年代にバークレーで大学生として神経生物学を学び、その後エール大学医学部に入り、ハーバード大学医学部付属マサチューセッツ精神保健センターで研修を受けたが、この無関心をじかに体験している。いまあげたどこの機関でも、妊娠を除く女性特有の生物学的、神経学的なことがらについて、ほとんどあるいはまったく教えていなかった。

エール大学時代のある日、動物の行動研究の講義を受けていたわたしは手をあげ、メスについてはどのような発見があったのか、と教授に尋ねた。すると男性教授はこう答えて、わたしの質問を一蹴した。

「こういう研究ではメスはいっさい使わない。月経周期でデータが混乱するだけだから」

それでも多少の研究はあって、性による脳の違いは小さいが根源的であるらしいことがわかっていた。精神科研修医としてのわたしには、女性のうつ病発症率が男性の二倍であることがとても印象的だった。この違いについて、明確な理由を説明した者はだれもいなかった。

わたしはフェミニズム運動の真っ只中に教育を受けていたから、どうしても政治的、心理学的理由づけを考える傾向があった。家父長的西欧文明が犯人だろうという、一九七〇年代の典型的な考え方だ。西欧文明では女性が劣等視されているから、男性ほど健全に機能できないのではないか、と思ったのである。

だが、この理由だけではうまく説明がつかなかった。新しい研究で、うつの発症率の男女差は世界的に同じであることがわかったからだ。そこでわたしは、もっと大きな、もっと基本的で生物学的な何かが働いているに違いないと考えはじめた。

ある日、女性が一二歳から一三歳に——初潮を迎える年ごろに——なるまでは、うつ病発症率に男女差が表れないことに気づいた。思春期の化学的な変化が脳になんらかの影響を与えて、女性のほうがうつ病になりやすくなるのではないか。当時はこのつながりを研究している科学者は少なく、ほとんどの精神科医はわたしと同様に伝統的な心理分析理論をもとにした訓練を受けていて、子ども時代の経験については調べるが、女性の脳特有の化学的な働きがかかわっているとは思っていなかった。

女性の精神状態を判断するにあたってホルモン状態を考慮することにしたわたしは、女性のライフサイクルの各段階で、欲望や価値観の形成、現実認識そのものに、ホルモンが非常に大きな神経学的影響を及ぼしていることを発見した。

性ホルモンがつくりだす現実の違いについて最初にひらめきが訪れたのは、「重症月経前脳症候群」とわたしが呼んでいるものの治療をはじめたときだった。月経がある女性はすべて、毎日少しずつ脳に変化が起こっている。脳の一部は毎月二五パーセントも変化する。それでときにはぐらついて不安定になるが、大半の女性はなんとか変化に対処している。

だがわたしのところへ相談にくる女性のなかには、月の何日かはホルモンに振りまわされて仕事もできなければ、くってかかったり、泣きだしたりしそうでだれかと話すこともできない、というひとたちがいた。一カ月のうちのほとんどは熱心で知的で生産的で楽観的なのだが、何日かは脳へのホルモンの流れが変化するだけで将来は真っ暗だと感じ、自分自身も人生もいやでたまらなくなる。しかもその思いがあまりにリアルで強固なので、それが――脳内ホルモンの変化によって引き起こされたに過ぎないのだが――いつまでも続く現実であるかのように行動する。潮目が変化すればすぐに彼女たちはいつものベストな状態に戻る。女性たちの数パーセントがかかるこの極端な月経前症候群（ＰＭＳ）によって、わたしは女性の脳が受けとめる現実がどれほど変わりやすいかに目を開かれたのである。

女性の現実が週によって極端に変化するならば、生涯を通じて起こるホルモンの大きな変化についても同じことが言えるのではないか。

わたしはもっと範囲を広げてこの可能性を検討したいと考え、一九九四年にカリフォルニア大学サンフランシスコ校の精神科で「女性の気分とホルモン・クリニック」を開設した。これは女性の脳の状態を調べ、神経化学とホルモンが女性の気分にどう影響するかを専門的に扱う、全米初のクリニックのひとつだった。

そこでわたしたちが発見したのは、ホルモンが女性の脳に大きな影響を与えており、まさに女性の現実を創造するといっても過言ではない、ということだった。

ホルモンは女性の価値観や欲求を形成し、何が重要なのかを日々、女性に教える。ホルモンの存在は誕生時から全生涯にわたって無視できない。それぞれの――少女期、青年期、デートの時期、母親の時期、閉経期の――ホルモン状態は、異なる神経学的なつながりを促進し、それらのつながりが新しい思考、情動、興味を左右する。生後三カ月にははじまり閉経後まで続くホルモン状態の変動のために、女性の神経学的現実は男性のそれのように一定していない。男性の現実が何千年もかけて氷河や天候や地殻変動によってほとんど気づかれないくらい少しずつ変化していく山にたとえられるなら、女性の現実は天候そのものだ――つねに変化していて予測しがたい。

新しい脳科学によって、男女の基本的な神経学的相違についての見解は大きく変化した。以前は男女の脳の違いを研究しようと思えば、遺体の脳か脳損傷を受けた個人の症状を調べるしかなかった。だが遺伝学と非侵襲的な脳画像撮影技術によって、神経科学の研究および理論に一大革命が起こった。陽電子断層撮影法（ＰＥＴ）や機能的磁気共鳴断層撮影法（ｆＭＲＩ）などの新しい手段のおかげで問題を解き、作業をし、記憶を呼び戻し、表情を解読し、信頼を構築し、恋に落ち、赤ん坊の泣き声を聞き、うつや恐怖や不安を感じているとき、ひとの脳に何が起こっているかをリアルタイムで観察できるようになった。

この結果、科学者は男女の脳の構造、化学作用、遺伝、ホルモン、機能などについて驚くほどたくさんの相違を発見した。男性の脳と女性の脳ではストレスや葛藤にたいする感度が違うこともわかった。問題を解決し、言語を処理し、同じ強烈な感情を経験して蓄えるときにも、男女は脳の違う領域の回路を使っている。

女性は初めてのデートの細かな部分や大ゲンカを覚えているかもしれないが、男性のほうはそんなことがあったことすらほとんど覚えていない。どうしてそうなるかについては、脳の構造と化学作用がいちいちかかわっている。

女性の脳と男性の脳は違うやり方で刺激を処理し、見て、聞いて、「感じとり」、他者の感情を推しはかる。女性の脳と男性の脳の基本ソフト（ＯＳ）にはほぼ親和性があり、優秀さにも違いはないが、同じ目標、同じ作業を異なる回路を使って処理し、完成させる。

男女の被験者に抽象的な立体像を頭のなかで回転するよう指示して、そのときの脳を調べるという、ドイツで行われた研究がある。作業のでき具合に男女の差はなかったが、脳の、どの回路が活性化したかを見ると、男性と女性では重要な違いがあった。女性は視覚認識につながる回路が活発になり、立体像を思い描くのには男性よりも長い時間を要した。この事実は、同じ回答を得るのに女性のほうが時間がかかったということを意味しているに過ぎない。また女性は認知機能のすべてで男性と同等であることも示された――ただ脳の違う回路を使っているだけなのだ。

顕微鏡やｆＭＲＩで見ると、男女の脳の違いは複雑で多岐にわたっている。たとえば言語中枢と聴覚野のニューロンは女性の脳のほうが一一パーセント多い。感情と記憶形成の中心部――海馬《かいば》――も女性の脳のほうが大きいし、言語および他者の情動を観察する回路も女性のほうが大きい。これは平均的に女性のほうが情動の表現や、情動がからむできごとの詳細を記憶するのに長けていることを意味している。

対照的に男性は、性的衝動に関与する脳の部分が二倍半大きく、行動や攻撃の中枢も大きい。男性の脳には平均すると五二秒に一回、性的な思考が浮かぶが、女性のほうは一日に一度だけだ。たぶんいちばん燃えている時期でも三、四回程度だろう。

これらの基本的な構造の違いで、認知面の相違も説明できるのではないか。

男女が会話している場面を男性と女性に見てもらって脳を調べた研究がある。男性の場合、ただちに脳のセックスにかんする領域が発火した――男性はセックスがらみの出会いの可能性を見てとったのだ。ところが女性の脳ではセックス関連の領域は活性化しなかった。女性の脳は二人の人間が会話していることだけを見ていた。

また男性は、恐怖を感じとって攻撃を開始するという脳の最も原始的な部分の処理装置――扁桃《へんとう》――が大きい。このために男性のなかにはゼロからいきなり殴りあいへと一瞬で飛躍する者がいるが、女性の多くは争いを鎮めようとする。ただし争いの心理的ストレスは女性のほうが脳に深く刻まれる。

わたしたちは現代の都市社会に住んでいるが、身体は野生時代に生きるようにつくられたままで、女性の脳は原始時代を生きのびた母たちの回路をいまも受け継いでいる。遺伝子を残すのに最適な、しかし野性的な原始社会のストレスに対応して進化した本能をしっかりと組みこんだ回路である。つまりわたしたちのストレス反応は、肉体的危険と生命を脅かす状況に対応している。この古いストレス反応に、十分なサポートもなしに家事と育児と仕事をこなさなければならない現代の課題が加わって、いまの状況ができあがっている。

女性は未払いの請求書が何枚かたまっただけで、生命にかかわる事態のようなストレスを感じるかもしれない。このストレス反応は、家族に重大な危機が迫っていると女性の脳に感じさせる。一方、男性の脳は、ほんとうに差し迫った物理的危険がなければ脅威とは感じないだろう。

このような脳の基本的、構造的相違が根っこにあって、男女の日々の行動の違いや人生経験の違いの多くが生じている。

生物学的本能は、わたしたちがどのようにプログラムされているかを理解し、日々を無事に乗りきるためのカギである。脳の生物学的状態によってさまざまな衝動が起こる事実に気づいていれば、なんらかの衝動を感じたときに、そのとおりに行動するか、それとも別の行動をとるかが選択できる。

だがまずは女性の脳が遺伝的にどう構築され、進化と生物学と文化によってどうかたちづくられてきたかを学び、認識しなくてはならない。そこがわかっていないと生物学が宿命となり、わたしたちはその前でなす術《すべ》もなくなってしまうだろう。

生物学的事実は、わたしたちの個性や行動傾向の基本である。自由意志の名のもとに――また「政治的公正」にこだわって――生物学的事実が脳に及ぼす影響を否定しようとすれば、自分自身の自然を敵にまわすことになる。しかしわたしたちの生物学的な実態が性ホルモンとその変化を含めたほかの要素によって影響されることを認識していれば、生物学的な実態を確定した現実と思いこんだり、その現実に支配されることは防げる。

脳は優れた学習マシン以外の何ものでもない。完全に確定しているものは何もない。生物学的事実の影響は強いが、しかしわたしたちの現実を身動きがとれないほどがんじがらめにしているわけではない。わたしたちは現実を変えることができるし、知性と決意によって、脳の構造や行動、現実、創造性にたいする性ホルモンの影響を――それに運命を――理解して楽しみ、必要とあれば変えることもできるのである。

男性と女性の平均的な知的レベルは変わらないが、女性の脳の現実のせいで数学や科学など、ある種の分野では女性のほうが劣ると誤解されることがよくある。

二〇〇五年一月、当時ハーバード大学の学長だったローレンス・サマーズは、全米経済研究所でのスピーチでこう述べた。「人間の資質の――数学的能力、科学的能力の――非常に多くの違いについては、平均値がどれくらい異なるにせよ――その点では議論の余地があるだろうが――標準偏差の相違が存在し、男性人口と女性人口ではばらつきが違う、ということは相対的に明らかになっていると思われる。それは文化的に決定されると思われている資質についてもそうでない資質についても真実である」。したがって女性は生来トップレベルの数学者、科学者に向いていない、とサマーズが述べているのだと聴衆は受けとった。

現在の研究から判断すれば、サマーズの言葉には当たっている面とそうでない面とがある。一〇代の時期には男女の数学的、科学的能力に違いはないことがわかっている。その点ではサマーズは間違っていた。しかし女性の脳にエストロゲンがあふれるにつれて、女性は情動とコミュニケーションを最も重視するようになる――電話でおしゃべりし、女友だちとショッピングモールをぶらつく。そのころ男性の脳ではテストステロンが支配的になり、男の子はコミュニケーションから遠ざかり――試合や車の後部座席におけるもてっぷりの――得点に強迫的にこだわりはじめる。男女が将来のキャリアを決めようとするちょうどそのころ、女性は他人とのかかわりが薄く孤独な作業を必要とするキャリアの追求に興味をなくし、男性のほうは部屋にこもって何時間もコンピューターと向かいあっていても平気になる。

わたしのクリニックにくるジーナは、幼いころから数学にとくべつの才能があった。彼女はエンジニアになったが、二八歳のころ、もっと人間とふれあう仕事、それに家庭をもてる仕事をしたいと悩んだ。工学的な問題の解決に必要な知的謎解きは楽しかったが、日々の人間的な接触がないのがつらくてキャリアを変えたくなったのだ。

これは女性の場合、珍しい葛藤ではない。わたしの友人で科学者のコリー・バーグマンによると、優秀な女子学生でも科学を断念して社会的なふれあいがあると感じる分野に進む者が多いという。このような決断の根には、ひととのつながりやコミュニケーションを切実に求める価値観があり、この価値観はじつはホルモンが女性の脳に影響を及ぼしてつくられる。

最終的に科学畑に進む女性が少ないという事実は、女性の脳が数学や科学に向いているかどうかとはなんの関係もない。サマーズの真の間違いはそこにある。科学や工学分野のトップレベルのキャリアに女性が非常に少ないのはサマーズの言うとおりだが、女性が進出しないのは理数系に向いていないからだ、というのはまったく間違っている。

女性の脳には独特の適性がある——傑出した言語能力、深い友情を育む力、表情や声の調子から感情や精神状態を読みとる超能力のような力、争いを解決する力などだ。これらはすべて女性の脳に組みこまれている。女性には生まれつき備わっているが、率直に言って多くの男性に欠けている才能だ。男性は男性のホルモンがつくりだす現実によって形成されるべつの才能をもって生まれてくる。だが、それは本書のテーマではない。

この二〇年間、わたしは女性来院者の治療を続けながら、女性の脳と行動にかんする研究が進むことを待ちのぞんできた。二一世紀に入るころようやく、女性の脳の構造と機能と化学作用が、どんなふうに女性の気分、思考プロセス、エネルギー、性的衝動、行動、幸福に影響しているかを明らかにする目覚ましい研究が現れはじめた。

本書は、女性を女性たらしめている脳と神経行動学的システムにかんする新しい研究の手引書である。わたしは神経精神科医としての二〇年間の臨床経験をもとに、遺伝学、分子神経科学、胎児期と幼年期の内分泌学、神経ホルモンの発達などについて最新の驚くべき研究成果を本書で紹介しようと思う。神経心理学、認知神経科学、児童の発達、脳画像撮影、精神神経内分泌学の要約もある。霊長類学、動物研究、幼児の観察にも目を向け、生まれと育ちの組み合わせによって、特定の行動がどのように女性の脳にプログラムされるかも探ってみよう。

これらの研究成果のおかげで、女性特有の生物学と人生への影響を女性自身が理解できる時代がついにやってきた。わたし自身はこれまで関心をもつ医師や心理学者、教師、看護師、薬剤師、それにこれらの職業を目指す研修生たちを教育し、彼らの仕事の対象となる女性や一〇代の少女たちのために役立ててもらおうと努力してきた。またそれぞれの年代で最善の人生を送ってもらうための助けになろうと、あらゆる機会を利用して女性や少女たちに女性独特の脳——身体——行動システムについて直接伝えてきた。

本書がわたしのクリニックを訪れる女性たちだけでなく、さらにおおぜいの女性の役に立ってくれることを願ってやまない。また女性の脳は精密に調整された優れたツールであることが理解され、そういう見方が広まってくれることを願っている——女性の脳はまさにそのとおりのものなのだから。

第1章　女性の脳の誕生

リーラはミツバチのようにせわしなく遊び場を動きまわり、知っている子だろうが知らない子だろうがおかまいなしに愛嬌を振りまいていた。やっと言葉が出はじめて、二、三語ほど話せるようになった時期だったから、リーラのコミュニケーション手段はひとがつりこまれそうな笑顔を浮かべ、熱心にうなずくことが中心だったが、それでもコミュニケーションは成立した。

ほかの女児も同様だ。「おにんぎょうしゃん」と一人が言う。「おかいもの」ともう一人が言う。これでおしゃべりやゲームや空想のなかの家族からなるにぎやかなミニ・コミュニティーができあがる。

従兄弟のジョセフと遊び場で一緒になると、リーラはいつもとても嬉しそうだったが、その喜びは長くは続かなかった。ジョセフはリーラや友だちがおうちをつくっていた積み木を横から奪いとる。ロケットを、それも自分だけでつくりたい。ジョセフの仲間はリーラや友だちがつくっているものをかたっぱしから壊す。男児は女児を押しのけ、順番を守らず、「やめて」とか「玩具を返して」という女児の要求を無視する。結局、お昼ごろにはリーラはほかの女児たちと遊び場のすみっこに退却する。静かにおままごとをしたいからだ。

男の子と女の子の行動は違う、というのは常識だ。自宅でも遊び場でも教室でも、毎日見られる光景である。だが、男女の行動の違いは脳に起因するという指摘はされてこなかった。子どもたちの衝動は生まれつきで、おとなたちが違う方向に誘導しようと試みても無駄だ。クリニックにくる女性のなかに、人形ではなく真っ赤な消防車というふうに、三歳半のお嬢さんにユニセックスの玩具をたくさん与えたお母さんがいる。ある午後、彼女が子ども部屋に行ってみると、お嬢さんはベビー毛布に消防車を包んで抱っこし、前後に揺すりながら「だいじょうぶよ、いい子ねえ、泣かないでねんねしなさいねえ」と話しかけていた。

これは社会化ではない。このお嬢さんが消防車を抱っこして「いい子ねえ」と話しかけたのは、性差のないユニセックスの脳が環境の影響で変化したからではない。彼女は女性の脳をもって生まれ、その脳にこのような衝動が備わっていた。ユニセックスの脳などないのである。女児は女児としてプログラムされて、男児は男児としてプログラムされて生まれる。生まれたときから脳が違い、その脳が衝動や価値観やそれぞれの現実そのものを生みだす。

脳はわたしたちの見方、聞き方、嗅ぎ方、味わい方をつくりあげる。神経は感覚器官から直接脳につながり、脳がすべての解釈を行う。脳のある部位が機能を失えば、嗅ぐことあるいは味わうことができなくなる。

だが脳にはそれ以上の働きがある。世界の概念化に――ある人を善人と考えるか悪人と考えるか、今日の天気は気持ちがいいと思うか落ちこむか、今日も元気で仕事をしようという気になるかならないかに――深い影響を及ぼすのである。脳科学者でなくてもそんなことは知っている。少し気分が落ちこんだとき、上等のワイン一杯、おいしいチョコレートひとかけらで、気持ちが明るくなるかもしれない。ワインやチョコレートのなかの化学物質が脳に及ぼす影響のおかげで、灰色に曇った日が明るく輝きだし、愛する者への苛立ちがきれいに消える可能性がある。あなたの直接的な現実は、一瞬にして変わりうる。

脳に作用する化学物質が異なる現実をつくりだすのであれば、二つの脳が違う構造をもっていたらどうなるか？　それぞれの現実が異なるであろうことは疑問の余地がない。

脳の損傷、脳溢血や脳梗塞、前部前頭葉切断術（ロボトミー）、頭部の怪我などは、人間として重大な変化を引き起こす可能性がある。攻撃的な人間が従順に、親切だったひとが気難しくなることもある。

だが、そもそも全員が同じ構造の脳をもっていたわけではない。男性の脳と女性の脳は生まれつき異なる。考えてみてほしい。片方の脳はもう一方の脳よりコミュニケーションの中枢が大きいとしたらどうか？　情動記憶の中枢が大きいとしたら？　ひとの気持ちを読む能力がよく発達しているとしたら？

そのような脳をもつ者の現実では、コミュニケーションやひととのつながり、感情的な鋭敏さや的確な応答に優先的に価値がおかれるだろう。そしていまあげたような資質を何よりもたいせつに思い、その重要性を理解できない脳をもった人間に当惑するだろう。要するに、女性の脳をもつとはそういうことなのである。

わたしたち医師や科学者はかつて、ジェンダーは文化がつくりあげる人間だけのもので動物にはない、と考えてきた。わたしが医学を学んでいた一九七〇年代、八〇年代には、すでにオスの脳とメスの脳は胎児期から発達が異なることがわかっていて、交尾や繁殖、子育てなどの衝動は動物の脳にプログラムされているのではないかと推測されていた。それでもなお、人間の性差はおもに男児として、あるいは女児として育てられるから生まれると教えられたのである。

だがいまではそれが完璧な真実ではないことがわかっている。そもそものはじまりにまで遡ってみれば、すべてはいやというほど明白だ。

極小カプセルに入り、後ろから迫ってくる精子のツナミの先頭を切って猛スピードで膣管を遡り、子宮頸部を通過していくと想像してみてほしい。子宮に入ると大きな卵子がゆらゆらと、元気よく突入するガッツのある幸運な精子の到着を待ちかまえている。そこで一番槍をつけた精子がYではなくX染色体をもっていたとしよう。これで決まり！　受精卵は女児になる。

それから三八週で、この女児はピンの頭ほどの細胞の塊から平均三四〇〇グラム、母体の外に出て生きるのに必要な仕組みを備えた赤ちゃんへと成長する。だが性特有の回路を決定する脳の発達は、受胎後最初の一八週間に起こる。

受胎後八週目までは、どの胎児の脳も女性のそれのように見える——自然によるデフォルトの性設定は女性なのだ。女性の脳と男性の脳の発達を低速度撮影のコマ落とし写真で観察するとしたら、遺伝子と性ホルモンの両方が作成した設計図にしたがって脳の回路が敷かれていくことがわかるだろう。

八週目ではじまるテストステロンの増加によって、コミュニケーション中枢の細胞の一部が破壊され、性および攻撃中枢の細胞が増えて、それまで性差のなかった脳は男性の脳になる。テストステロンの増加が起こらなければ、女性の脳がそのまま順調に発達する。女の胎児の脳では、コミュニケーション中枢や情動をつかさどる領野で細胞がどんどん芽を出していく。

この胎児期の分岐点はわたしたちにどんな影響を及ぼすか？　ひとつにはコミュニケーション中枢が大きいために、女児は兄弟よりもおしゃべりに育つ。男性は一日あたり約七千語を使うが、女性は二万語である。もうひとつ、生得の生物学的運命が決定される。わたしたちがどんな色あいのレンズで世界を見てかかわっていくかが決まるのである。

◆表情を読みとる

女性の脳をもつ赤ん坊が最初にするのは、ひとの顔を見ることだ。わたしの教え子だったカーラは赤ん坊のリーラを定期的にわたしたちのところへ連れてきた。生育するにしたがってリーラがどう変化するかを観察するのはとても楽しかった。わたしたちは生まれたときから幼稚園時代を通じ、ひんぱんにリーラに会った。生後数週間のリーラは目の前に現れるすべてのひとの顔をじっと見つめた。クリニックのスタッフもわたしもよくリーラと目を合わせ、まもなくリーラは微笑み返すようになった。わたしたちはお互いの表情や声の調子を真似しあった。こうしてリーラとの絆ができていくのはおもしろかった。わたしはリーラをうちに連れて帰りたいと思うほどだった。一人息子とのあいだにはリーラのような経験がなかったからだ。

リーラがわたしの顔を見たがるのが嬉しくて、うちの息子もリーラほどわたしに関心をもってくれたらよかったのにと思った。だが息子は正反対だった。ほかのものならなんでも――モビール、明かり、ドアノブなど――見たがったが、わたしには興味を示さなかった。ひとと目を合わせるという行為は、息子の関心事のなかでとてもランクが低かった。

すべての赤ん坊は生まれたときから目を合わせたがる、それが母子の絆を育むカギであると医学部で教えられたので、何カ月か、うちの息子はどこかがおかしいのかもしれないと思った。当時はまだ脳の性差の多くが知られていなかった。すべての赤ん坊はひとの顔を凝視すると考えられていたのだ。しかし、この嬰児の発達段階の特徴とされるものは、女児に偏っていることが明らかになった。

女児は目を合わせたがるようにプログラムされているが、男児はそうではない。女児は胎内でコミュニケーション中枢や、情動を観察して処理する中枢を縮小させるテストステロンの増加を経験しない。だからこの領域のスキルの発達にかんしては、男児よりも大きな可能性をもって生まれてくる。女児の場合、目を合わせ、相手の表情を見つめる力は、生後三カ月あまりで四百倍にも成長するが、この間、男児が相手の表情を見るスキルはまったく向上しない。

女児は生まれたときから情動の表現に関心をもっている。相手の表情やふれあい、反応から、自分がどんな意味をもつ存在であるかを感じとる。このような手がかりをもとに、自分には価値があるのか、愛されているのか、うるさがられているのかを知る。だが豊かな表情という標識が奪われると、女性の脳は現実を判断する主たる試金石を失う。女児が無表情なパントマイム役者に接したときのようすを観察してみるといい。彼女はありとあらゆることをして、相手から表情を引きだそうとするだろう。女児は無表情に耐えられない。無表情を向けられるのは、自分が何か間違ったことをしたしるしだと受けとる。

イヌがフリスビーを追いかけるように、幼女は相手の顔に表情を追い求める。自分のすることが間違っていなければ、期待どおりの反応が返ってくるはずだと思う。これは成人女性がナルシストや感情的に思いどおりにならない男性を追いかけるのと同じ本能的な行動だ――「わたしがうまくやりさえすれば、彼は愛してくれるはず」というわけだ。こう考えると、うつ状態で反応のない（あるいはボトックス注射のしすぎで）無表情な母親が女児の自尊心の発達にどれほど悪影響を及ぼすか想像がつくだろう。相手に表情がないと女児はとても混乱し、いくら関心や愛情を示すしぐさを求めても期待どおりの反応が得られないのは、母親が自分を嫌っているからだ、と解釈するかもしれない。そしてやがては、もっと敏感に反応してくれる相手に関心を向けるだろう。

男児と女児を育てた者なら、あるいは生育を観察したことがある者なら、両者の発育が違うことを知っている。とくに女児は男児にはない情緒的な絆をつくりあげる。

しかし精神分析理論はこの性差を誤解し、女児のほうが表情をよく見つめ、つながりを求める衝動が強いのは、母親との共生関係への「欲求が強い」ことを示すと考えた。しかし表情を見つめるのは、共生関係の必要性が高いという意味ではない。そうではなくて、生まれつき観察力があるということだ。このスキルは生誕時にすでに女児の脳のほうが男児よりも発達しているし、一歳から二歳くらいまでの成長も女児のほうが著しい。

◆声音を聞きとる

表情や声音から意味をくみとる回路は、女児の脳のほうが発達している。女児はごく幼いときから、他者によって社会的に承認されているかどうかを理解できるということでもある。リーラの母カーラは、娘を外に連れだしても問題がないということに驚いていた。

「びっくりでした。リーラが一八カ月のときにレストランに連れていったのですが、わたしが手で合図をすると、ワイングラスに触ってはいけないということなのだとわかっていました。それに夫とわたしが口論をはじめると、指をしゃぶりだして、わたしたちのどちらかが目を向けるまでやめないんです。で、そのあとにやっとフォークとの格闘に戻ったんですよ」

このちょっとした場面は、リーラが両親の表情を読みとったことを示しているが、これが従兄弟のジョセフなら親の顔を見ようともしなかっただろう。一二カ月の女児と男児を対象にしたスタンフォード大学の研究では、観察したいという欲求と観察力に男女で違いがあるという結果が出ている。母と子を同じ部屋に入れ、そこに置いてある牛の玩具に触らないようにと指示をして研究者は部屋を出る。母親は部屋のすみに立っている。部屋で起こるすべての動きや視線や言葉がビデオに記録された。たとえ母親がはっきりとだめと言わなくても、禁止された玩具に触った子どもは女児にはほとんどいなかった。男子と異なり、女児は繰り返し母親の顔をうかがい、自分がしていることがいいことか悪いことなのかを確認した。ところが男児のほうは部屋のなかを歩きまわって、ほとんど母親の顔を見なかった。禁止された玩具にもおかまいなしに触って、母親が「ダメ！」と叫んでも平気だった。テストステロンによって形成された男性脳に動かされている一歳の男児は、周囲を探索したくてたまらず、触ることを禁止されている玩具であっても例外ではないのだ。

女児は胎内で脳がテストステロンを浴びておらず、情動中枢に影響を受けていないので、表情を読み、声音を聞きとる優れた能力をもってこの世に生まれでる。コウモリがネコやイヌにも聞こえない音を聞きとるように、女児は男児よりも声の可聴周波数や聞きとれる音調の範囲が広い。赤ん坊のときでさえ、女児は母親の声がわずかにこわばれば、きれいな包み紙が入っている引きだしを開けてはいけない、と理解する。だが男児なら、物理的に引き離しておかなければ、クリスマス用にしまっておいた包みをめちゃくちゃにされてしまうだろう。男児は母親を無視しているわけではない。警告の音調を聞きとることが生理的にできないのだ。

女児はまた、自分の話を相手が聞いているかどうかを表情からすばやく読みとる。一八カ月のリーラを黙らせておくのは至難の業だった。わたしたちには彼女の言葉は何ひとつ理解できなかったが、それでもリーラはオフィスにいる一人ひとりのところへよちよちと歩いていっては、当人にはひどく重要らしいことをまくしたてる。彼女は一人ひとりが同意しているかどうかを確かめたがった。わたしたちがちょっとでもうわの空のようすを見せると、あるいは一瞬でも視線がはずれると、リーラは不機嫌になり、腰に手をあて、どんどんと足踏みして「聞いて！」と不満そうに叫ぶ。目が合わないということは、相手が自分の言葉を聞いていないということなのだ。カーラと夫のチャールズは、どんな話にもリーラが割りこみたがるので心配した。あまりに要求が強いので、娘を甘やかしすぎたのではないかと考えたのだった。しかし、そうではなかった。リーラの脳が自己を確認する方法を探し求めていただけなのだ。

女児は自分の言葉を相手が聞いているかどうかで、相手が自分を真剣に受けとめているかどうかを知り、それが健やかな自尊心の成長につながる。言語能力がさほど発達していなくても、女児は表現する以上のことを理解しているし、こちらの関心が一瞬でもそれれば（おとなよりも先に）気づく。おとなが自分を理解してくれているかどうかも察知する。おとなが自分と波長を合わせてくれれば、女児は自信や自尊心を育む。ひととのつながりがもてなければ、自尊心は生まれない。

リーラの父チャールズはとくに、娘との関係を維持するのにどれほどの集中力が要求されるかを知って驚いていた。だが熱心に耳を傾ければ、娘がさらに自信と信頼感をもつこともわかった。

◆同調し、共感する

女児の脳がコミュニケーションと情動の方面に優れていることは、ごく幼いころの行動にも現れる。何年かのちのことだが、カーラはなぜ息子は抱いてやっても、リーラのようにすぐにおとなしくならないのかが理解できなかった。気質の違いで、息子のほうがぐずりやすいたちなのだろう、とカーラは考えた。しかし、これには性差による共感のプログラムの違いも関係していたはずだ。女児はたやすく母親と共振し、なだめられるとすぐに反応して、ぐずったり泣いたりをやめる。ハーバード大学医学部の研究では、女児は男児よりも母親と同調することがわかっている。

べつの研究では、女児の新生児は生後二四時間たたないうちに、ほかの赤ん坊の泣き声に――それにひとの顔に――男児より敏感に反応した。一歳児でも女児はほかのひとの不安、とくに悲しげな表情や傷ついた表情に敏感に反応する。ある日、わたしは気持ちが少々落ちこみ、そのことをカーラに告げた。一八カ月だったリーラはわたしの声の調子を聞きとった。そしてわたしの膝に上って、イヤリングや髪、メガネなどをいじり、わたしの顔を両手ではさんで、目をのぞきこんだ。わたしはとたんに気分が明るくなるのを感じた。幼いリーラは自分が何をしているのかをちゃんと心得ていたのである。

このころ、リーラは「幼児思春期（infantile puberty）」といわれるホルモンの段階にさしかかっていた。この時期は男児には九カ月しかないが、女児の場合は二四カ月続く。子宮が――成人女性に匹敵する――大量のエストロゲンを分泌しはじめ、それが女児の脳を浸す。この幼児期のエストロゲンの高まりは生殖に向けた子宮と脳の発達を促すのに必要なのだ、と科学者は考えている。しかし同時にこの大量のエストロゲンは急速に構築されつつある脳の回路を刺激する。ニューロンの成長発達を促進し、観察やコミュニケーション、体感的直感、それから世話をしたりかわいがったりすることに関係する女性の脳の回路や中枢をさらに強化するのである。

エストロゲンはこのような生得の女性の脳の回路を刺激し、そのおかげで幼女は社会的なニュアンスを把握し、生殖を促進するスキルを身につける。このために、まだおむつをしている女児でも情動の面ではあれほど長けているのだ。

◆母親のストレスを取りこむ

女児には観察力があって他者の感情を読みとるから、事実上、母親の神経システムを自分に取りこんでしまう。子どものことで相談にきたシェイラの場合がそうだった。シェイラは最初の夫とのあいだにリサとジェニファーという二人の娘をもうけた。リサが生まれたころ、シェイラはまだ結婚生活に満足していて幸せで、有能で子育ての上手なお母さんだった。それから一八カ月後、ジェニファーが生まれたころには、状況は大きく変わっていた。夫がどうしようもない女たらしであることが判明し、シェイラは夫の浮気相手の配偶者からいやがらせを受けていた。それだけではない。不実な夫には金持ちで権力者の父親がいて、シェイラが実家の援助を得るために子どもを連れて州を離れようとすれば、子どもたちを誘拐すると脅した。

次女のジェニファーが生まれて育ったのは、こういうストレスの大きな環境だった。ジェニファーはだれでも疑う猜疑心の強い子どもになり、六歳ごろに、親切で愛情深い新しい継父がじつは母親を裏切っている、と姉に言いはじめた。ジェニファーは継父の裏切りを確信していて、繰り返し姉にうったえた。ついにリサは母親に直接ほんとうかと尋ねた。継父は浮気など思いもよらないタイプの男性だった。シェイラはそれを知っていたから、なぜ次女は継父が不誠実な行為をしていると空想し、その空想にしつこくこだわるのか理解できなかった。だがジェニファーの神経システムには、幼いころに感じとった不安な現実が刷りこまれていた。だから、どんなによさそうなひとでも信頼できず、不安でたまらなかった。姉妹は同じ母親から生まれて育ったのだが環境が違った。それで一人の脳の回路は優しくて安らかなママを、もう一人のほうは不安でびくびくしているママを取りこんだのだ。

女児が生後二年間に吸収する「神経システムの環境」が彼女の現実感をつくりあげ、それが残りの人生に影響する。哺乳類の研究でも、幼いころにストレスの大きな環境を取りこんだか、それとも平穏な環境を取りこんだか——後天的刷りこみと呼ばれる——が、数世代にわたって受け継がれることがわかっている。

マイケル・ミーニーらのグループが行った調査によれば、メスの子どもは母親が安心して子育てをしたかどうかに大きな影響を受けるという。この関係は人間の女性にも人間以外の霊長類にも見られる。ストレスの大きな母親はどうしても子育てに熱心になれず、女児はそのストレスぐるみで神経システムを取りこみ、それによって女児の現実感覚が変化する。これは認知レベルで行われる学習ではない——神経細胞レベルの集積回路に吸収される。姉妹でもまったく外見が違う場合があるのも、これで説明できるかもしれない。男児はそこまで母親の神経システムを取りこむことはないようだ。

神経レベルでの取りこみは胎児期からはじまる。妊娠中の母親のストレスはとくに女児の情動とストレス・ホルモンの反応に影響する。これはヤギの子どもで確認されている。ストレスがかかっていたメスの子どもは、生まれたあと、オスの子どもに比べて臆病で落ち着きがなく、びくびくしていた。しかも胎児期にストレスがかかっていたメスの子どもはそうでないメスの子どもに比べて、情緒がはるかに不安定だった。

だから、あなたがこれから生まれようとする女の子だったら、穏やかで愛情深いパートナーや家族にサポートされている、ストレスのない母親の子宮に入って生まれたほうがいい。そして女児を産もうという母親なら、娘もリラックスできるように、何ごとも気楽に考えてのんきにしていることをお勧めする。

◆争わない

それではなぜ女児は表情や声音を読み、他者の言葉にならない信号に敏感に反応する仕組みをもって生まれてくるのだろう？　それについて考えてみよう。

そのような仕組みはひととのつながりを生みだすためにつくられている。それが女児の脳のおもな仕事で、生まれたときから女性を動かしている衝動でもある。これは何千年もの遺伝と進化の結果できあがった、かつては——たぶんいまも——生存を左右したプログラムのせいなのだ。表情や声音を読めれば、子どもが何を必要としているかがわかる。大きくて攻撃的な男性が何をするかも予測できる。それに女性は小さいから、札つきの悪い原始人男性（たち）の襲撃から身を守るために、ほかの女性と集団をつくる必要もあったかもしれない。

あなたが女児なら、社会的調和を維持するようにプログラムされている。女性の脳にとっては生死にかかわる——二一世紀にはさほどではないとはいえ——問題だからだ。

三歳半の双子の女児の行動を見てもわかる。この姉妹は毎朝、互いのドレッサーに上ってクローゼットにかかっている服をとる。一人がピンクのツーピースを、もう一人はグリーンのツーピースを手にする。母親は双子がトップを取り替えているのを見るたびにおかしくて笑う——一人はピンクのパンツにグリーンのトップ、もう一人はグリーンのパンツにピンクのトップだ。双子は争わない。

「あんたのピンクのトップ、貸してくれる？　あとで返すから。それにあたしのグリーンのトップを貸してあげる」。こんなふうに対話は進む。

双子の一人が男児だったら、こうはいかないだろう。男児は自分が好きなシャツをつかみ、女児は言葉で説得しようと試みて、結局は男児の言語能力が女児ほど発達していないせいで泣くはめになる。

テストステロンではなくエストロゲンに支配されているふつうの女児は、和やかな関係を保とうと一生懸命に努力する。ごく幼いころから、女児は平和な人間関係が心地よく幸せで、争いを避けたがる。不和は、つながりを維持し他者の承認と慈しみを得ようとする女児の衝動に反するからだ。しかもコミュニケーションと妥協にもとづく社会的つながりをつくろうとする衝動は、「幼児思春期」に二四カ月間エストロゲンを浴びて再強化される。

遊び場のリーラと新しい友だちに見られたのもそれだ。出会って数分のうちに女児たちは一緒にゲームをしようと誘いあい、小さなコミュニティーをつくる。彼女たちは遊びと将来の友情の可能性を分かちあう共通の場を発見する。そこにジョセフが騒がしく登場したらどうなるかを覚えておられるだろうか？　せっかくの一日が台無しになり、女児の脳が求める調和は壊れてしまう。

デボラ・タネンが指摘した幼い子どもの言葉の性差――言語的性差――を生みだすのも脳である。

デボラ・タネンによれば、二歳から五歳までの子どもたちが使う言葉を調べると、ふつう女児は「○○をしよう」という協力的な提案（おままごとをしよう）をよくする、という。たしかに女児は言葉を使ってコンセンサスを求め、直接命令せずに相手に影響を及ぼそうとする。遊び場に行ったリーラは、一緒の遊びを提案しようとして「おかいもの」と言った。それからすぐに遊ぼうとするのではなく、まわりを見まわして反応を待った。ほかの女児が「おにんぎょうしゃん」と言ったときも同じだ。観察してみると、女児はストレスと争いと地位のひけらかしを最小限に抑え、共通の意志決定に参加する。相手の示唆に賛意を表明することも多い。何か提案があれば、「あたしが先生ね、いいでしょ？」と質問形にする。遺伝子とホルモンが脳でつくりあげた現実が、社会的絆こそが自分という存在の核心であると教えているのだ。

男児も親和的な言葉の使い方を知ってはいるが、ふつうは使わない、という研究結果がある。男児はそのかわりに命令し、要求を通し、威張り、脅し、相手の提案を無視し、言い負かそうとする。ジョセフが遊び場にやってくると、まもなくリーラが泣きだすのがお決まりだった。この年齢の男児は行動に出ることをためらわず、欲しいものを奪う。ジョセフは欲しいと思ったらリーラの玩具を奪うし、リーラやほかの女児がつくっているものをなんでも壊す。男児どうしでも同じだ――争いのリスクを心配しない。競争は男児の体質に組みこまれている。そして、ふつうは女児の意見や要請を無視する。

要するにテストステロンで形成された男児の脳は、女児の脳のように社会的つながりを求めない。事実、社会的ニュアンスを把握できない障害——自閉症スペクトラム障害およびアスペルガー症候群と呼ばれる——は、男児のほうが八倍も多い。X染色体が一つしかない（女児には二つある）典型的な男性脳が発達途中でテストステロンを浴びるので、社会的なハンディが生じやすいのではないかと、現在、科学者たちは考えている。これらの障害をもつひとたちは、情動と社会的鋭敏さをつかさどる脳の回路の一部が余分のテストステロンによって破壊されるのかもしれない。

◆男の子とは遊ばない

二歳半で「幼児思春期」は終わり、女児は少女時代という比較的平穏な休止期を迎える。子宮からのエストロゲン放出も一時的にストップする。どうしてそうなるのかは、まだわかっていない。だが少年でも少女でもエストロゲンとテストステロンのレベルが非常に低くなる——ただし少女のほうがエストロゲンは六倍から八倍と多い。女性が「帰らない少女時代」を懐かしむときに思いだすのは、たいていこの時期だ。思春期という全面的な波乱の前の穏やかな期間である。このころ少女は親友とごく親密になるが、ふつうは男の子と遊ぶことを好まない。研究によると、対象となったどの文化圏でも二歳から六歳までの少女たちには同じ傾向が見られる。

わたしが最初の遊び友だちミッキーと出会ったのは二歳半。ミッキーはもうじき三歳になる男の子だった。わたしの家族がカンザスシティーのクインシー・ストリートの家に引っ越したとき、隣に住んでいたのがミッキーの家族だった。両方の家の裏庭は隣接していて塀はなく、砂場はうちの庭のほうにあり、ブランコが見えない境界をまたいでいた。

母親どうしはすぐに友だちになり、子どもたちを一緒に遊ばせながらおしゃべりしたり、交代で子どもたちを見られれば好都合だと考えた。ところがわたしの母によると、砂場でミッキーとわたしが遊ぶたびに、救出に駆けつけなければならなかったという。ミッキーがわたしの玩具のシャベルやバケツを奪いとり、自分の玩具には触らせなかったからだ。わたしは泣いて抗議し、ミッキーは玩具を返しなさいと母親に言われると泣きわめいて砂をぶつけた。

母親たちは一緒に過ごしたかったので、子どもたちをなかよくさせようと何度も試みた。だがミッキーの母親がどんなにがんばっても――叱っても、譲りあいの利点を言い聞かせても、楽しみを取りあげても、お仕置きをしても――ミッキーの行動は変わらなかった。ついにわたしの母はよそのブロックまで遊び友だちを、ときには玩具の取りあいをするが、言って聞かせればわかり、意地悪な言葉を投げつけても決して手をあげて引っぱたいたり殴ったりしない女児を、探しに行かなければならなかった。わたしは毎日のミッキーとの争いを恐れるようになっていたので、事態の変化が嬉しかった。

なぜ幼児が同性の遊び友だちを好むのかはあまりわかっていないが、科学者たちは基本的な脳の違いも理由の一つだと考えている。女児の社会、言語、人間関係のスキルは男児より何年も早く発達する。コミュニケーションや人間関係のスタイルがまったく違うのは、このような脳の相違のためだろう。典型的な男児はとっくみあいや遊び半分のケンカ、自動車やトラックや剣、銃を使う乱暴な遊び、それに騒々しい玩具——爆発すればもっといい——を好む。さらに二歳ごろから、仲間を脅したりケンカしたりすることが女児よりも多く、玩具を譲りあったり順番を守ったりすることは少ない。

対照的に典型的な女児は乱暴な遊びを好まない——争いが多くなると遊ぶのをやめてしまう。心理学者エレノア・マッコビーによると、同じ年齢の男児にじゃまされた——男児はただおもしろくてやっている——女児たちは、その場から撤退してほかの、できれば元気すぎる男児が入れない遊びを見つけるという。

調査によると、女児は男児よりも二〇倍順番を守るし、女児のごっこ遊びにはふつう、めんどうを見たり世話を焼いたりという関係が含まれている。このような行動の基礎には典型的な女性脳の発達がある。

遊びに表現され、脳の発達によって決定される女児の社会的課題は、親密な一対一の関係をつくることだ。対照的に男児の遊びの中心はふつうは人間関係ではなくゲームや玩具そのものにあり、社会的なランク、力、縄張りの防衛、肉体的な力がからむ。

四歳児の男女の社会的関係の質を比較した二〇〇五年の英国の研究がある。この比較のなかには、何人の子どもたちが一緒に遊びたがるかで人気度を測るものもあったが、だんとつで女児のほうが上だった。この四歳児たちについては、性差のある脳として発達する一二週から一八週までの胎内でのテストステロン・レベルも計測されていたが、テストステロンの曝露がいちばん低かった子どもたちは四歳になったときの社会的関係の質が最も高かった。もちろん女児である。

霊長類のメスの研究によっても、この性差が生来のもので、適切なホルモンの先行刺激が必要なことがうかがえる。「幼児思春期」のエストロゲン曝露を妨げられたメスの霊長類は、子どもに通常のような関心を示さなくなった。さらにメスの胎児にテストステロンを注射したところ、そのメスは平均的なメスよりも乱暴な荒っぽい遊びを好むようになった。

人間でも同じことが起こる。女児のエストロゲンをブロックしたり、テストステロンを胎児に注入する実験はできないが、テストステロンが脳に及ぼす影響は、一万人に一人の割合で起こる副腎皮質過形成（CAH）という酵素欠乏障害に見ることができる。

エマは人形遊びをしたがらなかった。トラックやジャングルジム、組み立てブロックが好きだった。二歳半のエマにあなたは男の子ですか、女の子ですかと尋ねたら、エマは男の子だよと答えて、パンチをくらわせただろう。

彼女はとても活発で、母親には「小さなラインバッカー」と呼ばれ、じゃまをする者はかたっぱしから突き倒した。動物のぬいぐるみでキャッチボールをしたが、彼女の投球は勢いがよすぎて、受けとめるのは容易ではなかった。幼稚園仲間の女児は荒っぽいエマとは遊びたがらなかった。それに言葉の発達もほかの女児より少し遅れていた。それでもドレスが好きで、伯母さんに髪を結ってもらうのを喜んだ。

母親のリンは熱心な自転車乗りのアスリートで理科の教師だったが、わたしのところへエマを連れてきたとき、自分がスポーツをすることが娘の行動に影響しているのだろうか、と心配していた。エマのような女の子はたいていは一〇人に一人のおてんばさんだ。だがエマはCAHだった。

CAHの場合、受胎後八週間くらいから副腎が性と攻撃のホルモンであるテストステロンを大量につくりだす。これはまさに脳が男性型になるか女性型になるかが決まる時期でもある。この期間にテストステロンを大量に浴びた女児の行動を見ると、たぶん脳の構造は男性に近いのではないかと推測される。「たぶん」と言ったのは、幼児の脳を調べるのは容易ではないからだ。二歳の子どもが麻酔もなしにMRIのスキャナーの下で二時間も静かにしているなんて、およそありえない。だが、行動からさまざまなことが推測できる。

CAHの研究によって、テストステロンがふつうなら頑丈な女児の脳の構造を侵食することがわかっている。一歳の時点で、CAHの女児は同年齢のほかの女児よりひとと視線を合わせることが少ない。テストステロンを浴びた女児がもっと大きくなると、人形の世話をしたりドレスアップしてお姫さま気分になったりするよりも、とっくみあいをしたり、大騒ぎをしたり、怪物やアクション・ヒーローを空想して遊んだりする傾向がある。それに空間能力テストではほかの女児よりも優秀で、男児と同じ成績をあげるが、言語行動や共感、慈しみ、親密さなど――女性的な資質の典型――のテストでは劣る。

これにより考えられるのは、男性の脳と女性の脳の社会的つながりにかんするプログラムは、遺伝子だけではなく胎児の脳に進入するテストステロンの量によって大きく影響されるということだ。リンは娘の行動の一部に科学的な原因があると知ってほっとしたようだった。ＣＡＨの脳で何が起こっているのか、それまでだれからも説明を受けたことがなかったからだ。

◆生まれも育ちも

性特有の行動を生みだすのは、もちろん自然がいちばん大きな力をにぎっているが、経験や慣行、他者との交流も、ニューロンと脳のプログラムを変化させる。ピアノが弾けるようになりたいと思ったら、練習しなくてはならない。練習するたびに脳はその活動に多くのニューロンを割りあてるようになり、やがてはそのニューロンどうしで新しい回路が形成され、ピアノの前に腰を下ろすと第二の天性のように指が動きだす。

わたしたちは親として、当然子どもの好みに反応する。子どもが喜んで笑う顔が見たくて、何度でも、ときにはうんざりするくらい同じ行動を――ママらしい微笑みや木製列車の騒々しい汽笛などを――繰り返すだろう。さらにこの繰り返しによって、赤ん坊が最初に関心を向けた刺激に反応し処理する脳のニューロンや回路が強化される。

このサイクルを通じて、子どもはそれぞれのジェンダーの慣習を学びとる。女児はひとの顔によく反応するから、ママもパパもいろいろな表情をつくって見せるだろうし、そうなると反応はますます敏感になる。表情を読むスキルを強化する活動が活発になり、脳はさらに多くのニューロンをその活動に振りあてる。ジェンダー教育と生物学とがあいまって、いまのわたしたちができあがる。

女児と男児の行動への期待は、子どもたちの脳の回路を形成するうえで重要な役割を演じる。女の子はか弱くて男の子ほど冒険しないものだという先入観をもっていたウエンディは、娘のサマンサのことで危うく失敗するところだった。サマンサが一人で滑り台につながるジャングルジムを上りかけたとき、いいのかなと尋ねるようにウエンディを振り返ったという。そこで母親の表情に禁止や不安を読みとったら、たぶんサマンサははしごを上るのをやめて――九〇パーセントの女児がするように――ママの助けを求めただろう。ウエンディの息子が同じ年齢だったときには決して母親の反応を見ようと振り返ったりしなかったし、自立への第一歩を母親が認めようが認めまいが意に介さなかった。サマンサも十分に自信があって「大きな子」と同じ行動をしようとしている。それでウエンディは不安を押し殺し、やってごらんと娘にうなずいてみせた。サマンサが一人で滑り台を下りてどすんと着地したときのようすをカメラにおさめたかった、とウエンディは言う。誇りと興奮に顔を輝かせたサマンサは、すぐに母親のほうへ走ってきて抱きついたのだった。

明らかに脳を最初に組み立てる原理は遺伝子とホルモンが決めているが、他者や環境とのやりとりの影響も無視することはできない。親や育児担当者の声音、接触、言葉が子どもの脳の形成に一役買い、子どもの現実感に影響を及ぼす。

自然が与えた脳はどの程度再編が可能なのか、まだわかっていない。直感的にはまさかと思うかもしれないが、女性の脳と男性の脳では環境の影響にたいする感受性が遺伝的に異なるらしい、という研究もある。どちらにしても、根本的な誤解にもとづいた生まれか育ちかという議論は捨てるべきだ、ということはわかっている。子どもの発達には、生まれと育ちが分かちがたくからみあっている。

◆女児の横暴さ

幼い女の子をもつ親だったら、文化的に刷りこまれているほどには幼女がいつも従順なよい子だとは限らないことをその体験から知っている。強引に要求を通す娘を見て、多くの親は期待を打ち砕かれたはずだ。

「さあ、パパ、お人形さんたちはランチなの。だから着替えさせてちょうだい」とリーラはパパのチャールズに言い、チャールズは言われたとおり人形を――パーティードレスに――着替えさせた。するとリーラが叫ぶ。

「パパったら！　違うじゃない。パーティードレスじゃないの！　ランチでしょ！　それにお人形さんたちはそういう話し方はしないの。ちゃんとあたしが言ったとおりにしてよ。ほら、もう一度」

「わかったよ、リーラ。やりなおそう。だけど、おまえはどうしてママとお人形さんごっこをしないんだい？」

「だって、パパ、パパのほうが言うとおりにしてくれるもの」

チャールズは娘の返事にあっけにとられる。チャールズもカーラも、リーラの厚かましさには脱帽だ。

少年少女時代は休止期だといっても、すべてが完璧に平穏だというわけではない。女の子はふつう男の子のような乱暴な遊びやとっくみあい、殴りあいなどを通じて攻撃性を発散させることはない。平均すれば女の子は男の子よりも社会的なスキルや共感、感情的知性を身につけているが、しかしだまされてはいけない。これは必ずしも力の限りを尽くして思いを通したり、目的のためなら小さな暴君と化すようには女の子の脳はプログラムされていない、という意味ではないのだ。

それでは女の子の脳が目指す目的とは何か？　絆を結ぶこと、コミュニティーをつくること、そして自分が中心となる女の子の世界をつくりあげて動かすことである。女性の脳の攻撃性はここで──自分にとって重要なことを（それは例外なく人間関係だ）守るために──発揮される。しかし攻撃性は他者を遠ざける可能性があり、そうなってしまったら女性の脳の目的は達成されない。だから女の子は自分が人間関係の世界の中心となることと、その人間関係を遠ざけてしまうリスクとの微妙なバランスをとりつづける。

双子の服の取り替えっこ場面を覚えておられるだろうか？　グリーンのシャツと引きかえにピンクのシャツを借りようとするとき、彼女は相手が断れば意地悪に見えるようにもっていく。いきなりシャツを奪いとるのではなく、自分のもつ最善のスキル──言葉──を使って思いをとげる。わがままだと思われたくない相手の気持ちを利用する。そのとおり、相手はピンクのシャツをあきらめる。彼女は人間関係を犠牲にせずに目的を達する。これがピンクの攻撃性である。

男女どちらにしても攻撃性はサバイバルを意味するし、どちらの脳にも生存のためのプログラムがある。それが女の子の場合は、たぶん女性特有の脳の回路を反映して、より複雑微妙だというだけだ。

女の子はもともと行儀がいいという社会的、科学的な見方は、男の子との比較対照から生まれた誤解にもとづくステレオタイプ化である。比較すれば女の子はバラのように芳しく見える。女性は殴りあう必要がないから、もちろん男性ほど攻撃的には見えない。あらゆる基準からすれば、男性は平均して女性よりも二〇倍も攻撃的だということは、刑務所システムを眺めてみればすぐにわかる。女性の脳の回路はコミュニケーションに長けて社会的であるという心地よくあたたかな思いこみのせいで、わたしも本書で攻撃性を取りあげずにすませるところだった。紛争を嫌う女性ということから、女性には攻撃性はないと誤解しかけたのだ。

カーラとチャールズはリーラの横暴をどうしてよいのかわからなかった。人形遊びで父親に指図するだけではない。青くぬれと命じたピエロを友だちのスージーが黄色にぬったというだけで泣き叫ぶ。夕食のテーブルでリーラをのけものにして会話が進んだりしたらどんなことになるか知れたものではなかった。

リーラの女性脳は、目の前のどんなコミュニケーションにもつながりにも自分を含めることを要求した。リーラの脳の回路はのけものにされることに耐えられない。石器時代と同じ彼女の脳にとって(認めよう。わたしたちの中身はまだ原始人なのだ)、のけものにされることは死を意味した。わたしはそのことをカーラとチャールズに説明し、二人はリーラのふるまいを矯正しようとするのは――もちろんほどほどの範囲で――あきらめ、時期を待つことにした。

わたしは二人に、いまのリーラの横暴などほんの序の口だとは言わなかった。リーラのホルモンは低水準で安定しており、彼女の現実もまたかなり安定している。少女時代という休止期が終わって、再びホルモンのスイッチが入ったら、カーラとチャールズには幼女の横暴な脳どころではない苦労が待っている。あえてリスクを冒そうという脳の働きが全開になる。親など無視して異性を求め、家庭を離れ、別人になろうとするだろう。一〇代の女性の現実が爆発し、少女時代に確立された脳の資質のすべてが——コミュニケーション、社会的つながり、認められたい欲求、表情から相手の思いや感情を読みとる力が——いっそう強化される。安全に守られていると思いたくて、女友だちとのコミュニケーションが最も活発になり、仲間集団のつながりが非常に強くなる時期だ。

だがエストロゲンの高まりが生みだすこの新しい現実では、攻撃性も大きな役割を演じる。一〇代の女性の脳は持ち主を自信満々にし、いつも自分が正しいと思わせ、無鉄砲にする。この激しい時期がなければ少女はおとなになれない。

とくに一〇代の女性にとって、これは楽な期間ではない。月経前症候群や性的競争、女性仲間集団のコントロールなどを含めた全面的な「ガール・パワー」体験がはじまると、こんな脳の状態のおかげで彼女たちの現実は、そう、かなりすさまじいものになる。

第2章　一〇代の女の子の脳

ドラマ、ドラマ、ドラマ――一〇代の女の子の生活と脳は、ひたすらドラマチックだ。

「ママったら、わたしはゼッタイ学校なんか行かないわよ。だって、ブライアンがわたしのこと好きだってわかったのに、大きなニキビができちゃったんだもの。コンシーラーもないしさ。もう、いやんなっちゃう！　こんなで、どうして学校になんていけるのよ！」

「宿題？　よその学校へいくのを認めてくれるまでは宿題なんてやらないって言ったでしょ。もう、一分だってこんなうちにはいたくないの」

「ううん、イヴとの話はぜんぜん終わってません。まだ二時間もたってないじゃない。電話は切らないからね」

現代版一〇代女性の脳があなたのうちで暮らしていると、こういうことが起こる。

一〇代というのは動乱の時期だ。一〇代の女性の脳は発芽、再編、回路刈りこみの真っ最中で、それが思考や感情や行動を突き動かし――容貌へのこだわりを激しくさせる。彼女の脳は、いかに女性となるかについて原始時代の指示を送ってくる。

思春期、彼女の生物学的存在理由は、性的に好ましい対象となること、それに尽きる。彼女は仲間やメディアが示す魅力的な女性のイメージと比較して自分を評価しはじめる。このような脳の状態が生じるのは、原始時代からの遺伝的な設計図に加えて、新たなホルモンが高まるせいだ。

男性の関心を引くこと、わたしの友人シェリーの一〇代の娘たちにとってはそれが新たに見いだされた胸おどる自己表現のかたちで、彼女たちの脳の回路を流れるハイオクタンのエストロゲンがこの強迫観念をいやがうえにも燃えたたせる。

このホルモンは社会的ストレスにたいする反応をきわめて過敏にさせ、そのために彼女たちはとんでもなくとっぴな思いつき――や服の選択――をしたり、年がら年じゅう鏡のなかの自分を見つめる。関心をもつのはほぼ自分の容姿、とくに彼女たちの現実および幻想の世界にあふれる男の子たちが自分を魅力的だと思うかどうか、のみである。

うちにはバスルームが三つあってほんとうに助かった、とシェリーは言う。娘たちが何時間も鏡を占領し、毛穴を調べ、眉毛を抜き、もっとお尻が小さくならないか、胸が大きくならないか、ウエストが細くならないかとためつすがめつしているからで、それもすべて男の子の関心を引くためなのだ。

女の子たちの自己イメージに影響を与えるメディアがあってもなくても、こういう状況は変わらないだろう。やせた女優やモデルが雑誌の表紙を飾っても飾らなくても、ホルモンが彼女たちの脳を動かして、このような衝動を生みだすからだ。男の子が自分をきれいだと思ってくれるかどうかに一〇代の女性が強迫的にこだわるのは、彼女たちの脳のホルモンがつくりだす現実においては、男の子に魅力的だと思われることが何よりも大事だからである。

彼女たちの脳はプログラムの再編に忙しい。そのためにアイデンティティーを確立し、自立しようとするなかで、葛藤は増えて激しくなる。

この時期の女性たちは何者なのか？

彼女たちは自分の最も女性らしい部分を——コミュニケーションをとり、社会的絆を形成し、周囲の者を慈しむ力を——発達させている。一〇代女性の脳の回路に起こっている変化を理解すれば、親はこの激動の時期の娘たちの自尊心と幸せをサポートすることができる。

◆日によって違うストレス

幼女時代という穏やかな帆走時期は終わる。親たちは薄氷を踏む思いで、気分屋でかんしゃくもちの反抗期の子どもとつきあわなければならない。幼女時代、少女期の休止時期が終了し、幼児時代からずっと利いていた視床下部《ししょうかぶ》の化学的なブレーキがはずされて、娘たちの脳下垂体が元気よく目覚めたせいだ。この細胞の火花が視床下部―脳下垂体―子宮システムを発火させる。「幼児思春期」以来初めて、女性の脳は高レベルのエストロゲンに浸される。実際、彼女の脳は、毎月子宮が引き起こすエストロゲン―プロゲステロンの周期的な高まりを初めて経験する。このホルモンの分泌は日によって、週によって変化する。

一〇代の女性の脳で増加したエストロゲンとプロゲステロンは、胎児期にプログラムされた回路の多くに火をつける。新たなホルモンの高まりによって、女性特有の脳の回路のすべては、認められるか否定されるか、受け入れられるか拒否されるかというような感情的なニュアンスにたいしていっそう敏感になる。

身体が女らしく開花するにつれ、彼女はそれまで気づかなかった性的な関心をどう解釈すればいいかわからず――あの視線は承認か否定か?――戸惑うかもしれない。ある日は自信満々なのに、ある日はすっかり自信喪失する。子どものころ、彼女は他人の声音に男の子よりもずっと幅広い感情的なニュアンスを聞きとることができた。その違いがさらに大きくなる。

他者のフィードバックを感じとるフィルターは、彼女が毎月の周期のどの時期にあるかで変わってくる――ある日はフィードバックによって自信がさらに強化されるし、ある日は自信を完全にぶち壊される。ある日はそのジーンズはちょっとローカットすぎるんじゃないの、と娘に言っても無

エストロゲン－プロゲステロンの周期

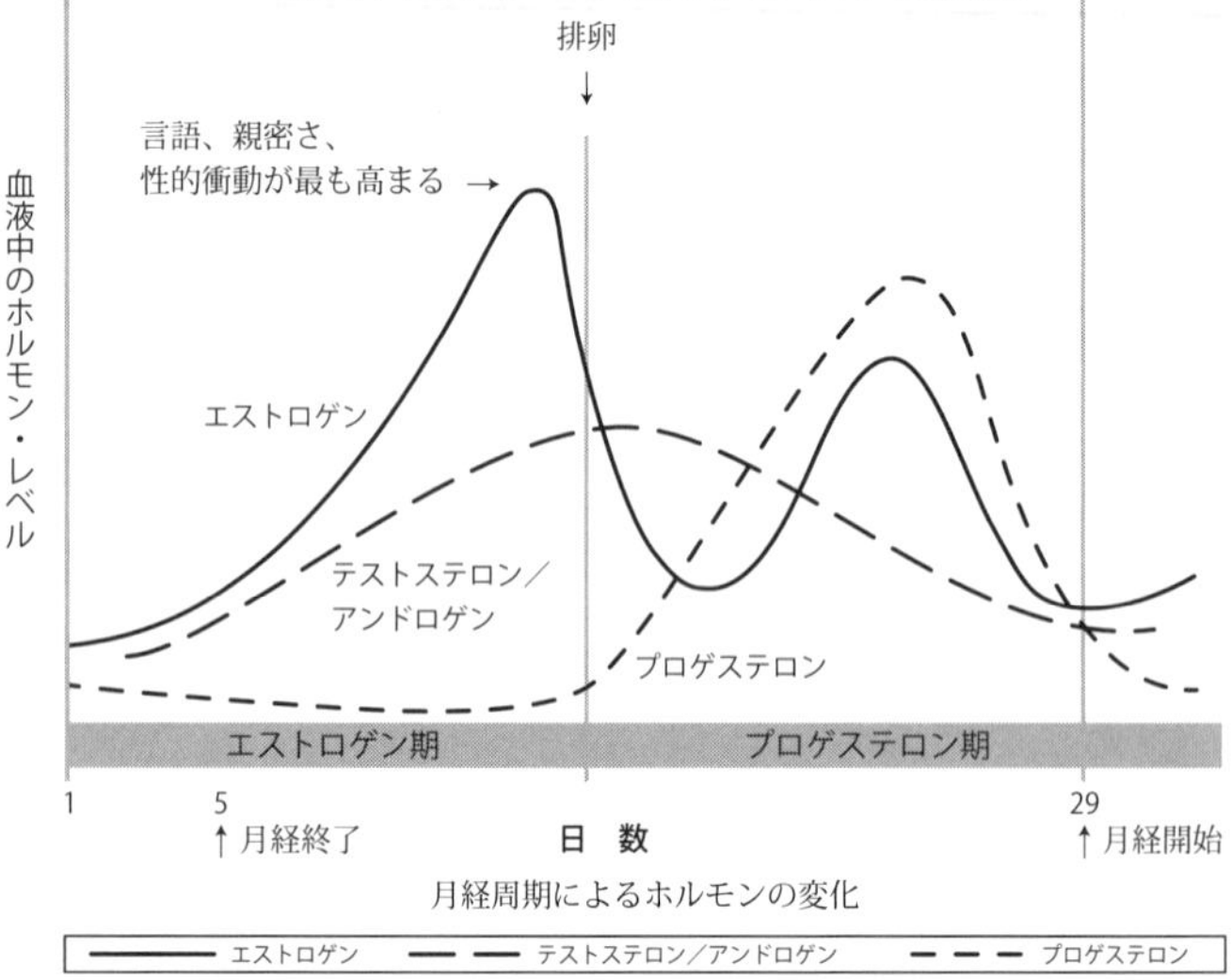

月経周期によるホルモンの変化

視されるだけだ。ところが時期が悪いと、彼女は同じ言葉を下品でいやらしいと批判されたとか、太りすぎのくせにみっともないと言われたと解釈する。あなたのほうはそんなつもりは毛頭なくても、彼女の脳はそう受けとるのだ。

　女性の脳の――重要な記憶と学習の座（海馬《かいば》）、身体器官をコントロールする中枢（視床下部）、情動の中枢（扁桃）を含む――多くの部分が、この新たなエストロゲンとプロゲステロンの増加に大きく影響されるということがわかっている。批判的な思考や微妙な感情的反応が研ぎすまされる。思春期が終わって成年期に踏みこむころには、この強化された回路はおとなのそれとして安定していく。同時にエストロゲンとプロゲステロンの増加は思春期の女性の脳、とくに海馬のストレス感度を周期的に変化させ、これが閉経期まで続くことがわかっている。

ピッツバーグ心理研究センターでは、思春期を経験する七歳から一六歳までの正常な子どもたちのストレス反応と日々のコルチゾール・レベルを調べているが、女の子のストレス反応は相対的に強くなり、男の子のストレス反応は低下した。思春期に入ると女性の身体と脳はストレスにたいして男性とは違った反応をする。このように海馬のストレス反応が対照的なのは、女性の脳内のエストロゲンとプロゲステロンの変化のためである。

また男性と女性は異なるストレスに反応するようになる。女の子は人間関係のストレスに、男の子は自分の権威への挑戦に強く反応しはじめるのだ。一〇代の女性のストレス・システムを刺激するのは、人間関係の葛藤である。彼女はひとに好かれ、社会的なつながりをもたなくてはならない。一〇代の男の子は尊敬され、男性の序列のなかで高い地位を占めることを求める。

女の子の脳の回路はエストロゲンによって組織され動かされており、愛情深い活動や社会的保護網（ネットワーク）をつくることでストレスに対応しようとする。人間関係の葛藤が嫌いなのだ。女の子の脳にとって激しいストレス反応のきっかけとなるのは、社会的拒絶である。

月経にともなうエストロゲン・レベルの周期的な変化によって、心理的、社会的ストレスにたいする敏感さも週単位で変わっていく。エストロゲン・レベルが高い最初の二週間は、仲間への関心も高いし社交的だ。プロゲステロン・レベルが高くエストロゲン・レベルが低い最後の二週間には、いらいらと怒りっぽくなって、一人にしといてよ、と思うだろう。エストロゲンとプロゲステロンは、毎月、脳のストレス反応をリセットする。女の子はあるときは自信満々で、あるときはどん底に落ちこむかもしれない。

エストロゲン・レベルが低く安定している少年少女時代の休止期には、少女のストレス・システムはもっと穏やかで安定している。だが思春期に入ってエストロゲンとプロゲステロンのレベルが上昇するころには、ストレスや苦痛にたいする反応が激しくなる。これはすべてストレス・ホルモンであるコルチゾールが脳で新たな反応を引き起こしているからだ。神経が張りつめてストレスを感じやすくなった女の子は、緊張を鎮める方法を探し求める。

◆ひととのつながりが快楽

一五歳の生徒のクラスで、男女の脳の違いについて教えていたことがある。そのとき男の子は女の子について、女の子は男の子について、以前から不思議に思っていたことを聞いてごらんなさい、と言ってみた。

男の子たちが聞いた。

「どうして女の子は一緒にトイレに行くんですか?」

どうやら、セクシュアルなことが関係していると思っていたらしいが、女の子たちの答えはこうだった。

「学校で唯一、自分たちだけのおしゃべりができる場所だからよ!」

言うまでもないが、男の子たちはトイレに一緒に行こうなんて思ったこともないだろう。

「おい、一緒にトイレに行かないか?」だなんて。

この場面は男女の脳のきわめて重要な違いを浮き彫りにしている。前章で述べたように、社会的、言語的つながりの回路は、もともと典型的な男性脳よりも典型的な女性脳のほうに自然にプログラムされている。一〇代になるとエストロゲンが脳に放出されて、オキシトシンと女性特有の回路、とくにおしゃべり、じゃれあい、社交の回路を活性化させる。一五歳の女の子たちが連れだってトイレに行くのは、彼女たちにとって最も重要な——女友だちとの——人間関係を固めるためなのだ。

多くの女性が女性どうしのつきあいに生物学的安堵を感じる。言葉は彼女たちを結びつける接着剤なのだ。したがって女性のほうが脳の言語野の一部が大きいのは不思議ではないし、平均すれば女性のほうがよくしゃべったり聞いたりするのも当然だろう。

数はいろいろだが、平均して女の子は一日あたり男の子の二倍から三倍の言葉をしゃべっている。女児のほうが早く話しだすし、生後二四カ月で男児の二倍から三倍の語彙を身につけている。男児も語彙ではいずれ女児に追いつくが、しかしスピードではかなわない。女児のほうが平均して早口で、だいたい一分間に二五〇ワードしゃべるのに、男児は一二五ワードだ。男性はこの言語的能力をあまり評価しない。植民地時代のアメリカでは――「おしゃべりが過ぎる」という罪にたいする刑罰として――舌を木製クリップではさまれたり、「浸水椅子」に座らされて溺れそうになったりした女性がいたが、男性でこのような刑罰を受けた者は一人もいなかった。

霊長類仲間のオスとメスを比べても、音声コミュニケーションには大きな違いがある。たとえばメスのアカゲザルはオスよりもずっと早く声を出すことを覚え、アカゲザル特有の一七種類のトーンを全部使いわけて一日じゅう仲間とコミュニケーションしている。対照的にオスのアカゲザルが覚えるトーンは三ないし六種類くらいだけで、しかもおとなになると何日も何週間も声を出さずに過ごす。どこかで聞いたような話ではないか？

では、なぜ女子生徒はトイレに行っておしゃべりをするのか？　どうして自室のドアを閉めて長時間、電話をかけるのか？　彼女たちは女友だちとつながり、親密な関係になるために、秘密を打ち明けあい、噂話をする。秘密のルールをもった密な小集団をつくる。この新しいグループが大好きなのは、おしゃべり、秘密の打ち明けっこ、噂話である――これらの活動は人生の波風の衝撃やストレスを和らげ、毎日を乗りきっていくためのツールなのだ。

シャナの表情がそれをよく物語っていた。母親は一五歳のシャナが勉強に集中しない、それどころか学校のことをきちんと話さない、と不満をうったえた。夕食の席に落ち着かせておくなんて至難の業だという。

クリニックの待合室に座っているシャナは、もうろうとしたような表情で、女友だちのパーカーからのメールを待っている。シャナの成績は振るわず、学校での素行にも問題があったので、友だちのところへ遊びにいくことを禁止されていた。母親のローレンが携帯電話とパソコンの使用も禁じたところ、友だちとのコミュニケーション手段を奪われたシャナの反応はすさまじかった——泣き叫び、ドアを激しく叩きつけ、大暴れして自室を破壊した——ので、しかたなく一日二〇分は携帯電話を使ってもよいということにした。秘密のおしゃべりができなくなったシャナは、メールという手段にしがみついた。

シャナの行動には生物学的な理由がある。おしゃべりを通じたつながりは少女の脳の快楽中枢を活性化する。それが性的意味合いを含んだロマンチックな秘密の共有となると、快楽中枢はいっそう活発になる。この快楽ははんぱでなく大きい。あふれるドーパミンとオキシトシン、これは神経学的にはオーガズムに次ぐ最大最高の快楽なのだ。ドーパミンは脳の動機づけと快楽の回路を刺激する神経伝達物質である。

女性が思春期に入るとエストロゲンがドーパミンとオキシトシンの産生量を増大させる。オキシトシンは親密さの引き金であり、また親密さによって増加する神経ホルモンだ。エストロゲンが増えると、一〇代の女性の脳はさらに多くのオキシトシンをつくりだすように働く――そして社会的な絆をさらに強化しようとする。

月経中期、エストロゲンの産生量が最も多くなる時期には、ドーパミンとオキシトシンのレベルもたぶん最も高くなっている。そこでおしゃべりがいっそう活発になるだけでなく、親密さへの欲求もピークに達する。親密さはまたオキシトシンの産生を促し、これがひととつながりたいという欲求をさらに強化し、ひととのつながりが快楽と幸福感をもたらす。

オキシトシンとドーパミンの産生は、思春期のはじまりとともに子宮のエストロゲンに刺激されて起こり、閉経まで続く。これは一〇代の女の子がひととのつながりや絆に――互いの髪をいじったり、噂話をしたり、一緒に買い物をしたりすることに――以前よりもさらに大きな快楽を感じることを意味する。このときのドーパミンの増加はコカインやヘロインの依存症患者がドラッグを得たときに匹敵する。このドーパミンとオキシトシンの組みあわせによって、ストレス緩和効果のある親密さへの欲求の生物学的基盤が形成される。

一〇代の娘が年がら年じゅう電話で女友だちとしゃべり、メールをやりとりしているとしたら、それは彼女にとってはあたりまえのことで、ストレスの大きな社会的変化を切り抜けるのに役立っている。だからといって家族の生活まで振りまわされる必要はない。ローレンは数カ月をかけてシャナと話しあい、ようやく家族そろった夕食の席ではメールの交換はしないと約束させた。

一〇代の女の子の脳にとって、コミュニケーションはきわめて大きな報酬を意味するので、これを抑制させるのは容易なことではない。

◆男の子は話さない

女の子のエストロゲン・レベルは思春期に上昇し、それで脳のスイッチが入ってさらにおしゃべりになるし、仲間とのつきあいも密になり、男の子のことをしょっちゅう考えるようになり、容姿を気にし、ストレスをぶつけ、感情の起伏が激しくなる。

彼女たちは女友だちとの――それに男の子との――つながりへの欲求に突き動かされている。おしゃべりやつながりによって放出されるドーパミンとオキシトシンに動機づけられて、彼女たちは親密なつながりを求めつづける。

当人たちにわかっていないのは、これが女の子特有の現実だということだ。ほとんどの男の子はこのような言語を介したつながりへの強烈な欲求を共有していないから、男友だちと言語を通じた親密さを確立しようとすると挫折するだろう。

ボーイフレンドも女友だちと同じようにしゃべってくれると期待する女の子は、勝手が違ってびっくりする。ボーイフレンドと電話で話しているとき、相手が何か言ってくれないかと待っていても、気まずい沈黙のまま、ということになる。彼らに期待できるのはせいぜいでよい聞き手になってくれることぐらいだろう。相手が退屈して、早くビデオゲームに戻りたいと思っているなんて、女の子のほうは夢にも思わないかもしれない。

女性が生涯を通じて配偶者に抱く大きな失望の核心にも、この男女の違いがある——男性は愛想よくしようとは思わないし、長々とおしゃべりしたいとも考えない。だが、それは男性が悪いのではない。一〇代のころ、男の子のテストステロン・レベルはチャートから飛びだすほど急上昇し、友人の心理学者が一五歳の息子を評した言葉を借りれば、男の子は「思春期へと消え失せる」。息子はもう母親と話したがらず、友人仲間やオンラインゲームに逃げこみ、家族そろっての夕食や外出など考えただけですくみあがる。望むのはとにかく部屋で一人にしておいてもらうこと、それだけなのだ。

それまではコミュニケーションがとれていた男の子が、一〇代になるとどうしてこんなに寡黙になり、発しても一語か二語という状態になるのか？　脳が睾丸から放出されるテストステロン漬けになるためだ。テストステロンは会話や社交への関心を低下させる——ただし、スポーツや性的な関心事なら話はべつだ。それどころか、性的なことや身体部分にたいする関心は強迫観念に近いほど激しくなる。

わたしが一五歳の男女のクラスで教えていたとき、女の子が男の子に質問するという時間をつくった。彼女たちはこんなことを聞いた。

「毛が多いほうが好きですか、少ないほうが好きですか？」

わたしは髪が長いほうがもてるか、ショートカットのほうがいいか、というヘアスタイルのことだと思った。ところが、すぐにわかったのだが、これは恥毛にかんする男の子の好みのことだった。男の子側は「ないほうがいい」と言い切った。ここでは婉曲話法などお呼びではない。

一〇代の男の子の頭を占めているのは性的な想像、女の子の身体のパーツ、そしてマスターベーションの衝動だけということが多い。おとなと話をしたがらないのは、言葉のはしばしや表情から心も身体も魂も性的な関心事に占領されていることを見すかされるに違いないと思っているからだ。

一〇代の男の子は孤独で、自分の考えを恥じている。仲間が女の子の身体について何か言ったりふざけたりするのを聞くまでは、性的な想像にふけっているのは自分だけだと思いこみ、自分でもどうしようもない性器の勃起をだれかに気づかれるのではないかと戦々恐々だ。一日に何度も訪れるマスターベーションの衝動に、気も狂わんばかりの思いでいる。「見つかる」のではないかという不安がつねにつきまとう。女の子と親密に話すのはもっと不安だ。ただし、べつの種類の親密なつきあいなら毎日夢想しつづけている。一〇代のかなりの期間を通じて、親しいつきあいというものの優先順位は女の子の脳と男の子の脳では大きく違っている。

◆孤立することを恐れる

調査によると、女の子は――分子レベルおよび脳神経レベルで――社会的な争いを緩和し、さらには防止したいという強い動機をもっている。どんなことをしても人間関係を維持しよう、というのが女性の脳の目標なのだ。とくに一〇代の女の子の脳ではこれが著しい。

友人のシェリーの長女エレーナが一〇代だったころ、毎晩のように親友のフィリスのところに泊まりにいっていて、自宅にいる夜は寝るまで電話で話しつづけていたという。二人はファッションのこと、好きな男の子のことを語りあい、電話でしゃべりながら同じテレビ番組を見ていた。ある日、フィリスがあまり好かれていないクラスメートの悪口を言いはじめたのだが、そのクラスメートとエレーナは小学校時代に親しくしていた。フィリスの辛らつな悪口に、エレーナは落ち着かない気持ちになり腹が立ったが、フィリスに反論すると思っただけで心も身体も不安におののいた。ちょっとでも批判めいたことを言ったらフィリスとケンカになって、二人の友情は終わるとしか思えなかった。それでフィリスとの友情を失うよりは、黙っているほうを選んだのだ。

これは争いの、それもごく些細な衝突のことを考えただけで、すべての女性の脳で展開する場面である。女性の脳は人間関係の葛藤や拒絶にたいして、男性の脳よりもはるかに強烈でネガティブな警戒反応を引き起こす。男性はむしろ人間関係の葛藤や競争をおもしろがることが多い。かえってポジティブなエネルギーを湧き立たせたりする。女性にとっては葛藤はネガティブな連続的化学反応のきっかけで、ストレスや動揺や恐怖を呼び起こす。争いの可能性があるというだけで、女性の脳は人間関係への脅威を読みとり、次の会話が最後になるのではないかと深刻な不安を感じる。

人間関係が脅威にさらされたり失われたりすると、女性の脳の神経伝達物質――セロトニン、ドーパミン、オキシトシン（絆をつくるホルモン）――のレベルは底抜けに落ちこみ、ストレス・ホルモンのコルチゾールが急増する。女性は不安になり、びくびくし、拒絶されて孤独になることを恐れる。まもなく彼女は親密さのドラッグ、つまりオキシトシンへの欲求でもみくちゃになる。女性はオキシトシンの分泌によって親密さを感じるが、オキシトシンは社会的な接触によって増加する。社会的な接触が断たれ、オキシトシンとドーパミンが急減したとたんに、女性の感情は不安定な困った状態になる。

女性が気持ちを傷つけられると、ホルモンの変化によって、人間関係はこれで終わりだという恐ろしい想像にとらわれる。だからフィリスがクラスメートの悪口を言ったとき、エレーナは反論しなかった。口論で友情を壊すリスクを冒すことができなかったのだ。女性の脳にとっては、このリスクは恐ろしい現実だ。だから、友情が壊れる、あるいは社会的に孤立すると考えただけで、とりわけ一〇代の女の子には強烈なストレスになる。脳の回路の多くが人間関係の親密さを監視しつづけ、そこに脅威を感じると、孤独になるぞという警戒警報が鳴りひびく。

テキサス大学のロバート・ジョセフによれば、男性は他者からの独立を維持する能力に自尊心を感じるが、女性は他者との親密な関係を維持する能力によって自尊心の一部を支えている、という。この結果、女性あるいは女の子の脳にとっては、親密な関係を、あるいはその関係から生まれる社会的なサポートを失う不安が最大のストレス源になる。

思春期の女の子に増大するストレスや不安反応は、小集団やクラブの形成とも関係しているかもしれない。それどころか小集団の形成はストレス反応の結果だとも考えられる。最近まで、すべての人間はストレスに「闘争か逃走か」という反応をすると考えられていた。これは一九三二年にW・B・キャノンが提示した行動様式で、この理論によると、ひとはストレスや脅威にさらされると、勝利の可能性がそれなりにあれば脅威の源を攻撃するし、そうでなければその状況から逃げだす。しかし「闘争か逃走か」という行動はすべての人類に共通するわけではないかもしれない。それどころかUCLAの心理学教授シェリー・テイラーは、これは脅威やストレスにたいする「男性」の反応であろうと論じている。

たしかに激しいストレスにさらされると、男性も女性も神経伝達物質とホルモンの大量放出を経験し、差し迫った脅威にたいする準備を整える。この連続的な化学反応によって、男性は行動を起こすかもしれない――男性の攻撃回路は女性のそれよりももっと直接的だ。しかし進化のなかで、闘争という対応は女性にとっては男性ほど適応的ではなかったかもしれない。女性は身体の大きな男性を肉体的に倒せる可能性が低いし、たとえ力では相手にひけをとらないとしても、闘うとなれば弱い子どもをほうっておいて危険にさらすことになる。相対的に女性の脳の攻撃回路は認知、感情、言語機能と密接に結びつき、男性の攻撃回路は肉体的行動の領域と密に結びついているのである。

女性は妊娠しているとき、授乳しているとき、子育てしているときには一般に闘争能力が落ちる。調査によれば、メスの哺乳類はいったん母子の絆が形成されると、ストレスにさらされてもめったに子どもを捨てないという。その結果、メスは「闘争か逃走か」とはべつのストレス反応によって、自らと子どもを守ろうとするようだ。

そんな反応のひとつが社会的なつながりへの依存なのだろう。社会的集団のつながりのなかにいるメスは、脅威やストレスにさらされる状況で助けあう可能性が大きい。集団のメンバーは脅威が迫っていることを仲間に警告し、危険な状況から逃げだして安全な場所で子育てが続けられるよう協力するだろう。

「世話をして、友だちになる（tend and befriend）」と名づけられるこの行動パターンは、メス特有の戦略かもしれない。世話をすることには慈しみの行動がともない、それによって自分と子どもの安全を守り、ストレスを和らげる。友だちになるというのは、この過程に役立つ社会的ネットワークの創出と維持を指す。

現代の女性の脳には、いまも原始時代を生きのびた最も適応的な祖先の回路が存在していることを思いだしていただきたい。霊長類の調査が示唆しているとおり、哺乳類の進化の初めのころ、メスはオスの脅威が迫ったときに身を守る社会的ネットワークをつくりだしていたのだろう。たとえばある種のサルでは、オスがメスにたいして過剰に攻撃的になると、同じ集団のほかのメスがやってきてオスと対決し、肩を組みあい、声をあげて脅して追い払う。このメスのネットワークはべつのタイプの保護やサポートも提供する。多くの種の霊長類のメスはお互いに子どもを見守り、世話を焼き、どこで食物が見つかるかという情報を分かちあい、若いメスに育児の方法を教える。

ＵＣＬＡの人類学者ジョーン・シルクは、ヒヒのメスの場合、社会的親密さの度合いと繁殖の成功に直接的な関係があると述べている。彼女の一六年にわたる調査によると、社会的なつながりが最も濃いメスは生き残っている子どもがいちばん多く、遺伝子を伝えることに成功しているという。

一〇代の女の子は学校のトイレでの親密なおしゃべりを通じて、自然に友だちとのつながりを築き、維持する。彼女たちは生物学的に最も繁殖力の高い時期に達している。石器時代から伝えられてきた彼女たちの脳にあふれる神経伝達物質が、子どもを守るためにほかの女性とつながりをつくれと指示するのである。

原始的な脳はこう言う。

「つながりを失ったら、おまえも子どももおしまいだ」

これは強烈なメッセージだ。女の子たちが孤独に立ち向かうなんてとてもできないと思うのも無理はない。

◆睡眠サイクルと気分の変化

ローレンは毎朝、一〇歳の娘シャナが学校に遅刻しないように起こすのに大変な苦労をしていた。しかもシャナは週末には昼すぎまで寝ている。ローレンにしてみれば、この睡眠パターンはシャナのだらしなさの現れだった——だいたい大量の宿題があってもぎりぎりになるまで手をつけないし、テレビを見て夜更かしをしている。シャナは母親にしょっちゅう怠け者と非難されつづけて落ちこんだ。だが、自分でもなぜなのかわからない。いつも疲れていて、眠い。わたしが最初に出会ったころ、母娘のバトルは抜き差しならないところにきていた。

じつはシャナの脳の睡眠細胞は、思春期に入って子宮から分泌されるエストロゲンの増加によってリセットされていた。エストロゲンは光にたいする反応や一日の明暗サイクルを含め、文字どおり一〇代の女の子の経験のすべてに影響する。脳の視交叉上核《しこうさじょうかく》のなかの二四時間時計細胞でエストロゲン受容体（レセプター）が活性化される。これらの細胞の群れは、日、月、年でリズムを刻むホルモンや体温、睡眠、気分など、身体が奏でる交響曲の指揮をとっている。エストロゲンは呼吸をコントロールする脳細胞にも直接に影響を及ぼす。成長ホルモンとあいまって、女性特有の睡眠サイクルのスイッチが入る。思春期になると、エストロゲンが女性の脳のすべてのタイミングを設定する。こうして女性の脳と男性の脳は異なるリズムにのって行進をはじめる。

女の子は八歳から一〇歳くらいで――男の子は一年ほど遅い――脳の睡眠時計の設定が変化しはじめる。女の子は夜更かし朝寝坊になり、睡眠時間そのものも長くなる。ある研究によれば、九歳のときの男の子と女の子の睡眠中の脳波はまったく同じだった。ところが一二歳になると睡眠中の女の子の脳波のパターンは男の子に比べて三七パーセント移行していた。研究者はこれを女の子の脳のほうが早く成熟する現れと見ている。一〇代の女の子の脳では男の子よりも早く余分なシナプスの刈りこみがはじまり、脳の回路全体の成熟が速く進む。女性の脳は男性よりも平均して二、三年早く成熟する。男の子の脳でも数年後に同じような状況が起こるのだが、一四歳くらいになると睡眠サイクルは女の子よりもさらに一時間遅くなる。しかもこれは男女のずれのほんのはじまりに過ぎない。女性のほうが早く床に就いて早く目覚める傾向は、閉経後までずっと続く。

わたしは何年かのあいだに、たびたびシャナと母親に会った。エストロゲンがシャナの脳に新しいリズムを確立して数年たつと、事態はさらに深刻になった。月経周期の二六日目、シャナは怒鳴るくらいではすまず、金切り声をあげて母親に反抗した。

「明日は絶対にビーチに行くからね。止められるもんなら止めてみなさいよ。止められるもんか！」

「だめよ、シャナ」

ローレンは言い返す。

「あの子たちと出かけることは許しません。言ったでしょ。あの子たちは金づかいが荒すぎます。きっとドラッグをやってるに違いないわ」

「あんたは自分がなにを言ってるのか、わかってないんだわ。なによ、お上品にかまえて、いい子ぶって、バカみたい。なにがクールなのか、てんでわからないくせに。あたしのほうが頭がよくてクールだからおもしろくないんでしょ。それで、あたしを抑えつけようっていうのね。ほんと、あたまにきちゃうわ、クソババァ！」

ついにローレンは切れた。生まれて初めて娘の頬を叩いたのだ。

エストロゲンの影響が最も明瞭なサイクルは月経周期である。初潮を迎えて、女の子は興奮し、困惑するかもしれない。これは祝うべきときだ。といってもニューエイジふう、ヒッピー的な意味合いではなく、毎月、月経によって脳のある部分がリフレッシュし、充電しなおされるからである。

エストロゲンは細胞の肥料として働く——脳を興奮させる。同時に月経周期の最初の二週間、女の子は穏やかでひとづきあいがよくなる。一週目と二週目（エストロゲン期）に海馬の神経のつながりは二五パーセント成長し、おかげで脳はちょっとシャープになる。比較的、頭脳明晰になり、記憶力もよくなる。きびきびして頭の回転が速くなる。それから一四日目ころに排卵があり、プロゲステロンが子宮から大量に分泌されて、エストロゲンの活動とは逆に、海馬でできた新しいつながりの除草剤として働く。周期後半の二週間、プロゲステロンはまず脳を鎮静化させるが、それからだんだん苛立ちがつのり、集中力がなくなり、頭の回転が鈍くなる。月経周期の後半にストレス反応が変化するおもな理由のひとつはここにあると思われる。エストロゲンが増大している時期には神経細胞のつながりが新たにつくられるが、後半二週間でプロゲステロンによって刈りこまれる。

月経周期の最後の数日、プロゲステロンが急減し、鎮静化作用はとつぜん消え失せて、脳は一時的に動転し、ストレスを強く感じて苛立つ。シャナが母親に金切り声をあげたのはこのときだ。多くの女性が、月経がはじまる直前にはすぐに涙が出るし、落ちこむし、ストレスを感じやすく、攻撃的になり、ネガティブ思考で、敵意がつのり、それどころか絶望してうつうつとする、という。わたしのクリニックではこれを「ドッグフードのCMで泣く」日々と呼ぶ。この短い期間には、じつに感傷的でばかげたことをきっかけに涙があふれるからだ。

この急激な気分の変化に、シャナのような女の子は最初は驚く。一〇代の女の子は、月経がはじまったらタンポンを忘れず、生理痛がひどければ痛み止めを飲むこと、それだけ知っていればいい、と思っている。出血していない時期でも、月経周期によって変化するホルモンが脳に影響しているかもしれないとわかっていれば、多少は周期的な変化を乗りきりやすくなるかもしれない。おとなになるころには、どう対応すればいいかがわかってくる。多くの女性が、三週目から四週目に感じる怒りには〝二日間ルール〟を適用すべきことを知っている。二日間待って、それでも行動しようと思うかどうかを確認するのだ。

母親にあんな言い方をしてはいけなかったとシャナが気づくまで、さらに数日かかった。プロゲステロンが減少し、またエストロゲンが増えると、シャナの苛立ちも鎮まっていった。海馬では再び神経細胞のつながりが増加し、シャナの脳は油を差されてフル稼働しはじめる。

まもなく彼女は小賢しい言葉や小生意気な意見で会うひとを驚かせ、それがまたトラブルのもとになった――男の子たちはまだ成長が追いついていないし、女の子のなかでもシャナはおませだった。

女性は月経周期のホルモン変化にともなって脳の機能が変動することがある。脳のなかでもエストロゲンに最も敏感な部分のひとつ――海馬――は言語記憶を処理する主たる中継地点だ。月経周期のなかでエストロゲン・レベルが高い時期――第二週――に女性の言語能力が上昇するのには、このような生物学的理由があるのではないか。わたしはよく冗談半分に、口頭試問を受けるのなら言語能力がピークに達する月経周期の一二日目がいい、と女子大学院生に勧めている。同じことが一〇代の女の子と大学進学適性試験の関係にも言えるかもしれない――さらには夫婦ゲンカで夫をへこませたい妻たちにも。

◆一〇代の脳は波瀾万丈

考えてみてほしい。あなたの脳はいままで比較的に安定していた。生まれてこのかたずっと、ホルモンの流れ――あるいは欠落状況――は一定だった。ところがある日、あなたはママとなかよく雑談したのに、翌日はクソババァとののしる。しかも一〇代の女の子としては、なんとしてでも争いは避けたい。いままで自分はすてきなよい子だと思っていたが、とつぜんその自画像が崩壊する。自分のことならわかっていると思っていたのに、すべてが急にあやしく思えてくる。これは一〇代の女の子の自尊心にとってはとんでもない深傷だが、じつは比較的単純な化学反応に過ぎず、成人女性の場合も同様だ。その実態がわかってさえいたら、それほど悩まなくてすむだろう。

一部の女性のトラブルは脳内のエストロゲンとプロゲステロンの量の減少に起因するが、これは月経周期の四週目に起こる。ホルモンが急に少なくなるので、脳はホルモンの鎮静作用を切望する。しかし鎮静されないので、脳は苛立つ。その苛立ちは発作に匹敵するほどの不快感をもたらす。たしかにそこまで激しいのはごく少数の女性だが、しかし笑いごとではない。月経開始直前にストレスと情動反応は劇的に上昇する。

メリーランド州ベセスダの国立精神衛生研究所のデヴィッド・ルビナウらは、月経周期にともなう気分の変調について研究している。彼らは、月経周期によるホルモン変化が、びっくり反射（逃避反射）で測定される脳の回路の興奮性を上昇させることを突きとめた。これは一般にはびくびくするとか神経がぴりぴりしているといわれる状態で、ストレス反応も関係している。ホルモンがいちばん減少しているときに女性が苛立ち神経質になるということは、この結果からも説明できる。

女性の八割はこの毎月のホルモン変化の影響をそこそこ感じるという程度だが、一割くらいは非常にぴりぴりして苛立ちやすくなる。子宮が分泌するエストロゲンとプロゲステロンの量が多い女性は、脳のセロトニン（気持ちを落ち着かせる神経伝達物質）細胞も多いのでストレスに強い。エストロゲンとプロゲステロンが少ない女性はストレスに敏感で、脳のセロトニン細胞が少ない。ストレスに敏感なこのひとたちにとっては、月経開始直前の時期は最悪だ。敵意や絶望、うつうつとした気分、自殺願望、パニック発作、不安、コントロールできない涙や怒りに苦しむ。ホルモンとセロトニンの変化が脳の思考判断の場所（前頭皮質）の機能不全となって表れ、脳のもっと原始的な部分から起こる過激な情動が抑制されずに暴走する可能性がある。

シャナもその一人だった。月経開始の一、二週間前は、いつも軽率な言葉や授業妨害的な行動で問題を起こした。ひどく攻撃的で感じが悪かったかと思えば、次の瞬間にはわっと泣きだすという具合だ。そうかと思うと、たちまち荒々しい気分になって親や友だちや教師につっかかる。

学校長やカウンセラーと何度も話しあいが行われたが、シャナの爆発を抑える効果はなく、親はついに娘を小児科医のもとへ連れていった。しかし医師もシャナの極端な行動には途方に暮れるばかりだった。シャナの言動が最悪になるのは毎月二週間くらいだ、と気づいたのは女性教師だった。それ以外のときには以前のシャナと——あるいはごくふつうの一〇代の女の子と——同じで、沈んだり神経過敏になることもあったが、だいたいは協力的なのだ。そこで女性教師はシャナが重症のPMSではないかと気づいて、わたしのクリニックに電話をしてきた。

シャナの気分と性格の変化は非常に極端ではあったが、とくに意外ではなかった。精神医学と女性の健康の問題に二〇年取り組んできたわたしは、同じような問題を抱えた少女や女性を何百人も見てきた。そのほとんどは、自分の抑えの利かない困った言動について自責の念を抱いている。何年も心理セラピーを受けて、しつこく襲ってくる悲しみや怒りの原因を探ろうとしたひとたちもいる。薬物依存だ、態度が悪い、性格が悪いと非難されつづけたひとたちも多い。だがこうした批判のほとんどは不当だし、まったく的はずれである。

このような少女や女性たちの気分や言動が定期的に劇的な変化を見せるのは、じつは脳の構造そのものが日々、また週ごとに変化しているからだ。子宮のエストロゲンとプロゲステロンによって引き起こされる月経直前期の極端な情動反応は、医学的には「月経前不快気分障害（ＰＭＤＤ）」と呼ばれている。フランスと英国では、ＰＭＤＤに苦しむ女性が起こした犯罪について、一時的な心神耗弱だったという弁論が認められている。その他の共通の症状——月経にともなう偏頭痛など——

も、月経直前に脳の回路の興奮性が増大して、鎮静作用が減少するために起こる。

国立精神衛生研究所の研究者たちは、子宮のホルモン産生が阻まれると、これらの女性が月経周期に応じて経験する情動と気分の変化が消失することを発見した。そこで彼らは、ＰＭＤＤの女性たちはある意味で月経周期のエストロゲンとプロゲステロンの変動に「アレルギー」あるいは過剰反応するのではないか、と考えた。五〇年前ならＰＭＤＤの治療法は子宮の外科的切除だということになっただろう。当時、ホルモンの変動をなくすにはそれしか方法がなかった。

わたしはシャナの子宮を切除するかわりに、毎日、ホルモンを――ピルを――服用させ、エストロゲンとプロゲステロンのレベルをそこそこ高い、だが安定したレベルに保って、子宮から放出されるホルモンが脳を激しく混乱させるのを防ぐことにした。エストロゲンとプロゲステロンのレベルが一定になると、シャナの脳は落ち着き、セロトニン・レベルも安定した。場合によってはそのほかにゾロフトのようなＳＳＲＩ（セロトニン再取りこみ阻害薬）系抗うつ剤を処方することもある。これで脳のセロトニン・レベル、つまり当人の気分と幸福感はさらに安定、改善される。

翌月シャナの教師から、シャナが以前の自分を取り戻した――明るくなり、成績もよくなった――と連絡があった。

◆脳が衝動をコントロールできない

シャナがビーチに行くとわめきたてた日、ローレンが心配していたのは娘のボーイフレンドのジェフのことだった。ジェフは裕福な放任主義の家庭の息子で、一五歳のシャナはすでにジェフと性的な関係をもっていた。ジェフの両親は、自宅で二人がセックスするのを許していたのだが、シャナは妊娠が心配になるまでそのことを自分の両親には隠していた。

ジェフを追い払うわけにはいかないので、ローレンはきちんとジェフを知るほうがよいと考えた。そして知ってみれば、ジェフには好意をもてた。ジェフは気前よくシャナに贈り物をし（ローレンは気に入らなかったが、ジェフの気持ちを傷つけたくなかった）、シャナはジェフと一緒にいると幸せだった。それで両親と取り引きもした。

「ねえ、ママ。あたしはストレスでおかしくなりそうなのよ。だけどジェフがきてくれて、一緒に一時間いれば落ち着くの。そのあとで必ず宿題をするから。お願い」

その後も、シャナはこっそりジェフをうちに連れこむことが多かった。二人はラブラブだった。シャナは八カ月前からジェフとつきあっていた。ジェフをとても愛している、と語った翌日、シャナは学校からマイクと一緒に帰ってきたが、マイクはただの友だちだと断言した。ローレンが上にようすを見にいってみると、部屋のドアが閉まっていた。ドアを開けたローレンが見たのは、「キスの真っ最中」の二人だった。ジェフとのセックスは認めていたので、ローレンはどうしていいのかわからなかった。シャナの衝動がコントロールが利かないほど激しくなっているのは明らかだった。

少女の情動中枢は、思春期には非常に敏感になる。脳の情動・衝動コントロールのシステム——前頭皮質——の神経細胞は、一二歳になるころ非常に多くなるが、相互のつながりはまだ細くて未熟だ。その結果、一部は扁桃から湧き起こる衝動的情動に起因する気分の変化がより急激で過激になる。

このころの女の子の前頭皮質は、ブロードバンドの信号を受信する旧式のダイアルアップ・モデムのようなものだ。増大する扁桃からのトラフィックを処理できず、たびたびパンクする。だから一〇代の若者は何かを思いつくと、結果を考えずに暴走する。そして、その衝動を抑えさせようとする権威のすべてにたてつく。

たとえば、クリニックにきているジョーンは、ニューヨーク北部の寄宿学校を卒業したあとの夏休みもその土地にとどまっていた。彼女は優等生だったが、当時つきあっていたのは高校中退で少年院に入っていたことのある、一六歳ですでに子持ちの地元の青年だった。ジョーンは夏じゅうその青年と遊びまわり、大学に通うために自宅に戻らなければならなくなっても、まだためらっていた。彼と一緒にいたかったのだ。両親が迎えにいくぞ、車を取りあげるぞ、力ずくで大学に連れていくぞと脅すと、ジョーンはボーイフレンドと駆け落ちした。その後、考え直して大学に行ったが、両親と穏やかに話せるようになったのは、ずっとあとになってからのことだった。そのような状況で冷静な判断を下すのは、一〇代の脳にとって非常に難しい。

ロミオとジュリエットの物語を覚えておいでだろう。あの恋人たちが、自分たちの脳はまだ建設途上だということを知っていたなら――。性ホルモンが脳の神経細胞を成長させて延長コードを伸ばしていき、各コードが成熟した前頭葉のしかるべき部分とつながって健全な配線が構築されるには、まだ数年かかると知っていたなら――。ただし、ジュリエットの脳はロミオに比べて二、三年早く成熟しただろう――だから正気を取り戻すのはジュリエットのほうがロミオよりも早かったはずだ。

これらの未完成の――まだミエリンに包まれていない――延長コードが目立つのは、扁桃の情動中枢から前頭皮質の情動コントロール中枢につながる部分で、この部分はミエリンという物質で包まれて迅速な信号伝達ができるようにならないと、ストレス下で信頼できる機能を発揮できない。そうなるのは一〇代の終わり、あるいは成人してからである。前頭皮質との連絡がスピーディーでないうちは、情動の衝動が大量にダウンロードされると回路が負担過剰になり、即座に荒っぽい行動に出ることが多い。

たとえば「あなた、パーティーでお酒を飲んでるでしょう、わかってますよ。それに男の子と遊びすぎます。成績も下がっているし。だから外出は禁止です」というように、親から不愉快な制約を受けると、一〇代の女の子の扁桃はとりあえずは「くそったれ」と叫ぶ程度の反応で終わるかもしれない。しかし、その後も反乱の兆候がないか注意したほうがいい。たぶん親の裏をかく、べつの方法を探しだすだろう。

以前、クリニックにきていたカレンは、現在は終身在職権をもつ生物化学の教授だが、一〇代の現実を示すこんな話をしてくれた。カレンが育ったのはワシントン州の小さな町で、高校を中退して木材会社で働く若者が多かった。カレンの女友だちも木材会社の現場で料理人や事務員として就職したり、結婚してすぐに妊娠したりしていた。高校二年になるころには、カレンはうちを出たくてしかたがなかった。なんとかして大学に行こうと決意していたが、大学出は教師と医者と司書くらいしかいない町で、進学は突拍子もない考えだった。夢のようなことを考えている、と両親は非難した。うちにはそんなことをさせるお金なんかないし、どうせ二〇歳になる前に「はらんでいる」だろうに、大学を出て何になるのか?

親になじられて、家を出たいというカレンの決意はさらに固くなった。一八歳になったカレンは、大学に行って卒業したいと思っていた。だが一八歳になれば、町に遊びにきて金を落とす木材会社の作業員相手のバーでゴーゴー・ダンサーの職に就ける。カレンはボーイフレンドと同棲して、夜はバーで働いた。トップレスになるには若すぎたが、それでも客がTバックに札をはさんでくれるので二〇ドルのチップを稼いだ。

未来の生物化学教授として、必ずしもありふれた職歴とはいえない。だがカレンは大学の一学期分の学費を稼ぎ、その後は成績がよかったので全額給付の奨学金を獲得できた。現在、カレンは三人のティーンエイジャーの母親だが（女二人、男一人）、一八歳の娘がバーのポール・ダンサーとして就職したと言いだしたら、どんな顔をすればいいのか、と考えている。カレン自身はゴーゴー・ダンサー時代、とくに危険な目にあわずにすんだが、だれでもそう運がいいとは限らない。

月経周期とともに女の子の脳内ホルモンの状況は変化し、これが脳の変動にさらに輪をかける。一〇代の時期にエストロゲンとプロゲステロンが増加し、そのまま高レベルにとどまっているなら、女性の脳は永続的に適応するだろう。しかしこれまで見てきたとおり、ホルモンには波がある。一〇代は脳が大きな変化をとげる時期で、とくにホルモンの変化に敏感な領域では変化が激しい事実を考えると、思春期に多くの女の子がきわめて衝動的になるのも当然かもしれない。

月経周期のなかで、調子がいい時期でストレスもなければ、一〇代の女の子の前頭皮質は正常に機能するだろう。正しい判断、適切な行動ができる。だがなんらかのストレス――失望や成績の低下など――がＰＭＳに重なると、前頭皮質は脱線し、怒鳴ったりドアを叩きつけたりという過剰な感情的反応や突拍子もない行動となって現れるかもしれない。わたしたちはこれを「メルトダウン」と呼んでいる。

テストステロンの増大は一〇代の男の子の脳にも同じような影響を及ぼすのかもしれないが、それについてはまだ研究が進んでいない。この年代のホルモンの高まりは、そこそこのストレス、ちょっとしたできごとを大惨事のように感じさせる。

一〇代の女の子の燃えあがった扁桃を鎮静化させるのは容易なことではない。多くの女の子はストレスに押しつぶされそうになると、ドラッグやアルコール、食べ物（拒食あるいは過食）に走る。一〇代の子をもつ親としては、彼らの言葉はだいたい聞き流していればいい。衝動的、感情的な爆発をまじめに受けとってはいけない。穏やかに対応しよう。一〇代の子どもはひどく情熱的に——実際にそう感じている——意見を述べたてるので、ついつい言い負かされてしまうかもしれない。しかし忘れてはいけない。一〇代の女の子の衝動コントロール回路はインプットを処理しきれないのだ。だから好むと好まざるとにかかわらず、子どもの脳のかわりに親がコントロールしてやらなくてはいけない。

前述のジョーンは迎えにきて車を取りあげると脅した親を憎んだが、「でも、あれが正解だった」とあとになってわたしに語った。当時のジョーンには欠けていた、正しい判断を実行するのが親のつとめだったのである。

◆うつのリスクは男の子の二倍

まもなく、新しいボーイフレンド、マイクでさえもシャナの衝動はコントロール不能だと気づいた。あっさりとジェフを捨てたシャナは、マイクについても心変わりするかもしれない。マイクはつきあいをやめることにした。友人たちもシャナのジェフにたいする態度はひどいと怒っていて、シャナは孤立した。

それまでのシャナは順調だった。学校新聞に記事を書き、彫刻の道に進もうと真剣に考え、よい大学に進学できそうだった。教師たちはシャナの創造力とひらめきを評価していた。だがマイクと別れて、状況が激変した。シャナはげっそりとやせた。学校でもうまくいかなくなった。引き受けた学校新聞の記事をすっぽかした。学業に集中できず、宿題もしなくなり、眠れず、体重と容姿ばかりが気になって、いつも「彼」のことが脳裏から去らなかった。腕にはいくつかの傷が見られた。リストカットをしていると気づいて、わたしはこれはまずいと警戒した。この時期には女子のうつ病発症率が男子の二倍になる。

思春期のホルモン分泌以前には、うつのリスクは男女とも変わらない。だが一五歳になると、うつで苦しむ女の子は男の子の二倍に増加する。

女性のうつには遺伝子も関係する。たとえばうつ病の発症率が高い家系ではＣＲＥＢ－１という遺伝子に変異が見られ、この変異があると一〇代の女の子のうつ病発症のリスクが高くなる、という研究がある（男の子には影響がない）。シャナの母親も祖母も一〇代のころに深刻なうつを経験しているし、従姉妹の一人は自殺している。これらを考えあわせるとシャナのリスクは大きい。

シャナはほんもののうつ病になっていた。わたしはゾロフトを処方し、目を離さずに経過を観察して、毎週認知療法を受けさせた。四週間から六週間するとシャナは再び集中できるようになり、卒業試験を受け、マイクと体重にかんする強迫観念も消えた。

◆女の子どうしの闘い

ホルモンの高まりのせいで、よい子がちょっとしたことで意地悪になるし、性的競争でも同じことが起こる。そして一〇代の女の子にとって――人生の中心である――性的競争は厳しい。ただし性的競争は男の子の場合とは違ったルールにもとづいて展開される。

女の子は小集団をつくりたがるが、この集団にはべつの面があり、そこでは彼女たちは戦闘を繰りひろげている。一〇代の女の子はすさまじい意地悪をすることがある。女性がべつの女性と闘う場合には、たとえばライバルの足を引っぱる、噂を流すというような遠まわしのツールを用いる。これなら自分の犯跡をごまかせる。

「意地悪なつもりじゃなかったのよ。ごめんね」

このような戦術を使えば、一〇代の女の子の脳がサバイバルに不可欠だと感じる仲間どうしの絆を破壊するリスクが低下する。しかし性的競争もまた、サバイバルに不可欠なのである。

いまでも覚えているが、わたしが七年生のとき、クラスにとても美しい少女がいて、男の子の注目を集め、ほかの女の子に嫉妬されていた。彼女は恥ずかしがりで、そのためにお高くとまっていると思われていた。ある日、後ろの席に座っていたあまりかわいくない女の子が、噛みかけのガムを美少女の髪にくっつけた。美少女はガムに気づかずに髪をいじってひどいことになり、ついにすてきな巻き毛を切り落とすしかなくなった。ガムをくっつけた超弩《ど》級意地悪娘は勝ち誇った。性的魅力を競うという彼女の生物学的衝動は、一時的に勝利を得たのだ。

男性でも女性でも、攻撃性と関係するホルモンはアンドロゲンである。アンドロゲンは思春期に入って増大し、女性で一九歳、男性で二一歳ごろにピークに達する。女性の場合は、おもにテストステロン、ＤＨＥＡ、アンドロステディオンの三種類のアンドロゲンがつくられる。

ユタ大学の研究によると、最も大胆で攻撃的な一〇代の女の子はアンドロステディオンのレベルが高かったという。ニキビもアンドロゲン・レベルが高いことを示す兆候のひとつだ。テストステロンとＤＨＥＡのレベルが高い女の子は性関係をもつのも早い傾向にある。

わたしがシャナに会ったのは彼女が一五歳のときだったが、ニキビができて胸がふくらんでいるだけでなく、すでに一年前から性行為をしていた。

攻撃的な衝動は、月経周期にともなうホルモンの変化によって変動する可能性がある。一〇代の女の子は、ある週には社会的なつながりにとくに関心をもつだろう。だがべつの週には——男の子や女友だちにたいする——権力への関心のほうが大きくなる。この関係からして、月経周期の二週目、三週目に子宮でつくられるアンドロゲンが高まると、女性や一〇代の女の子の攻撃性も高まると思われる。確認はできないが、シャナのアンドロゲン・レベルが高い週に攻撃的な爆発が起こったのではないだろうか。

アンドロゲン・レベルが低いと攻撃性が低下するだけでなく、性的な衝動も減る。一〇代で経口避妊薬を使っていると攻撃性も性的衝動も低下するのは、避妊薬が子宮のアンドロゲン産生を抑えるからだ。

科学者は、女性の攻撃性や野心の増大にはアンドロゲンだけでなくエストロゲンも一役買っているだろうと考えている。前述のユタ大学の研究では、自己評価が高くていちばんずけずけとモノを言う女性は、エストロゲン、テストステロン、アンドロステディオンのレベルも最も高かった。さらには仲間の評価よりも自己評価のほうが高かった。そして、たいていはいちばん頭《ず》が高いと周囲から思われていた。

もちろん、ホルモンだけが行動を決めるのではない。ホルモンはある環境である行動をとる傾向を強めるだけだ。脳に単一の攻撃中枢がないように、単一の攻撃ホルモンというものもない。だが男女どちらにしても、世間で成功して権力を獲得するには、ある程度の攻撃性が必要だ。これらのホルモンは一〇代が見る現実や性や積極性、自立などにかかわる自己認識を変化させる。

一〇代の時期、女の子の脳の回路は大きく成長し、刈りこまれる。新しい延長コードをワンセット与えられ、どれをどこのコンセントにつなげばいいかを探さなければならない、というような状態だ。いよいよ女性特有の脳の回路の全体像が姿を現す。その回路は女性をどこへと駆りたてるのか？

男性の腕のなかへ、である。

第3章　愛と信頼を求めて

サンフランシスコ在住の快活な映画プロデューサー、メリッサは、恋愛がしたくてたまらなかった。ようやくキャリアも順風満帆となった三二歳、人生の次の段階に進む準備は整っている。性的に燃えあがる数カ月だけでなく、それ以降もずっとつきあえる男性と家庭をもちたい。唯一の問題は、適切な相手が見つからないことだった。数え切れないほどの男性に紹介されてデートしたし、インターネットで知りあった男性とも会ってみたが、ぜんぜんときめかないし、何があってもいつも一緒にいたいという理不尽な情熱も湧いてこない。

ある晩、親友のレスリーにサルサを踊りにいこうと誘われたが、メリッサは気が進まなかった。ダンスよりうちでのんびりテレビでも見ていたい。だがレスリーがあまりに熱心に誘うので、メリッサは承諾した。セクシーに見えるように髪をカールさせ、ひらひらしたスカートに新しい赤いスエードのハイヒール、唇がぽってりと見える真っ赤な口紅をぬった彼女は、タクシーをひろってダンスクラブに出かけていった。

メリッサが着いたとき、レスリーはすでに店にきていて、マルガリータを飲んでいた。気分がのってきてフロアに出ようと思ったとき、メリッサの目に飛びこんできたのは、部屋の反対側にいる彫りの深い顔立ちにオリーブ色の肌、漆黒の髪の長身でハンサムな男性だった。

「うわぁ、なんてゴージャスなの」

メリッサは、振り返ってレスリーにほら見てごらんとささやこうとしたが、そのときすでに男性は二人のほうへ歩きはじめていた。見知らぬ男性とメリッサの視線がからみあった。メリッサの背筋をぞくぞくと戦慄《せんりつ》が走る。不首尾なデートを重ねたこの何カ月か、一度も経験しなかった気持ちだ。その男性にはどこかなじみのある感じがした。「いったい、だれかしら?」。そっとレスリーに問いかけながら、メリッサの皮質は記憶貯蔵庫を探っていた。いや、一致する記憶はないようだ。しかし彼女の関心回路はもう「配偶行動準備態勢」に入っていた。彼は一人なのか、連れがいるのか?この手のイケメンにはつきものの美女がどこかにいないかと見まわしたが、彼はどうも一人らしい。それにまだメリッサのほうへ向かって歩いてくる。

彼が近づくと、メリッサはますますレスリーの話などうわの空になった。飲み物のグラスをひしとつかむ。視線も関心もひたすら彼に注がれ、あらゆる情報を取りこむ——アルマーニの革靴、セクシーな黒いコーデュロイのパンツ、結婚指輪はなし。メリッサの脳がその男性との接触を切望し、あとのことはすべて背景に消える。わたし、恋に落ちそう、とメリッサは思う。配偶衝動が勝利する。

「やあ、ぼくはロブ」

男性がちょっと不安げにバーによりかかりながら言う。ビロードのような声だ。

「前に会ったこと、あるかな?」

メリッサは彼の言葉が耳に入らない。ただ彼のオーラ、男っぽさに包まれ、いたずらっぽく輝く緑の瞳に釘づけになる。

恋愛のダンスがはじまった。振付師は友人でも紹介者でもない。メリッサの脳の生物学だ。わたしたちが魅力的だと感じる左右対称の肉体や顔、魅惑的な動き、胸をときめかせる情熱などはすべて、進化によってわたしたちの脳に愛の衝動としてプログラムされている。二人の人物のあいだの短期および長期の「化学作用」は、一見、偶然に起こるように見えるかもしれないが、現実には事前にきちんと脳にプログラムができている。そのプログラムが微妙かつ確実に、人間としての繁殖レースの賞金獲得率が上がりそうなパートナーへと導いていく。

メリッサの脳はロブを刷りこみはじめる。ホルモンが高まる。ロブがマーケティング・コンサルタントでポトレロ・ヒルのロフトに住んでいると自己紹介し、勇気を奮って踊りませんかと誘うと、メリッサの脳はスーパー・コンピューターよりも速く、配偶者候補としての彼の資質を計算する。彼はよさそうだという青信号が早くも点滅し、膝ががくがくするような熱い興奮を覚え、ドーパミンの高まりとともに欲望が身体を走る――興奮と陶酔の火花が飛び散る。さらにメリッサの脳は性的欲望をかきたてるテストステロンの補充も指示する。

話をしながらロブのほうもメリッサを観察し、値踏みする。算定の結果よしとなれば、神経伝達物質が彼にも揺さぶりをかけ、彼女をつかまえろとせっつきだす。どちらの愛の回路も熱くなったところで、二人はダンスフロアに出ていき、一緒にサルサのリズムにのって数時間を過ごす。午前二時、音楽はスローダウンし、クラブの人影はまばらになる。レスリーはとっくの昔に帰宅した。わたしも帰らなくちゃ、とメリッサは部屋の片隅で思わせぶりにハイヒールの踵を返す。「待って」とロブが言う。

「きみの電話番号を知らない。もう一度会いたいな」

「ネットで検索してみて。見つかるから」

メリッサはそう答え、微笑みながらタクシーに飛び乗る。こうして追跡ごっこがはじまる。

男性でも女性でも、ロマンスの最初の算定は無意識に行われるが、算定のしかたには大きな違いがある。たとえば短期間のつきあいならば、男が追い、女は選択する。これは性のステレオタイプ化ではない。何百万年ものあいだに自分の遺伝子をどうやって繁殖させるかを学んだ祖先から受け継いだ遺産だ。

ダーウィンが指摘しているように、あらゆる種のオスはメスに求愛するようにできているし、メスは求愛者のなかから相手を選ぶのがふつうである。これは進化のなかで繁殖レースの勝者が編みだした愛にかんする脳の構造だ。わたしたちが選ぶ相手の姿かたち、顔、匂い、年齢までもが何百万年もの昔にかたちづくられたパターンに影響されている。

じつはわたしたちの行動は自分で考えているよりもよほど予測可能だ。種として進化をとげてきたあいだに、わたしたちの脳は最も健康な相手、子どもを与えてくれる可能性が大きい相手、子どもを無事に生きのびさせるのに役立つリソースと性格を有する相手をどうやって探すかを学んできた。原始時代に男女が学びとったことは、現代人の脳に神経学的な愛の回路として深く刻みこまれている。その回路は生まれたときからあり、思春期になると即効性をもつ神経化学的カクテルによって活性化される。

これはエレガントなシステムだ。わたしたちの脳はパートナー候補を値踏みし、相手が古代から受け継がれた希望リストにあてはまれば脳に化学反応が起こって、レーザービームに狙い撃ちされたように相手の魅力を感じてくらくらする。古代から受け継いだ「つがい行動」への第一歩だ。扉が開いて、求愛―配偶行動―子づくりという脳のプログラムが走りだす。

その晩メリッサはだれにも会いたくないと思っていたかもしれないが、脳のほうにはべつの、もっと深くて原始的な計画があったわけだ。その脳が部屋の向こうにいるロブに目をとめたとき、配偶行動と長期的な関係へのシグナルが点滅した。そしてメリッサにとって幸運なことに、ロブの脳も同じように感じた。どちらにも不安、恐れ、目もくらむほどの喜びが訪れるが、それにたいして二人はほとんどなす術がない。生物学が二人の共通の未来を構築しはじめているからである。

◆理想的なパートナーの条件

メリッサはきびきびと街を歩きながら、カフェラテを飲みながら、あるいはよさそうな相手を探してネットをぶらつきながら、ロブが自分のウェブサイトで電話番号を見つけてくれるのを待っているが——ロブには自分が携わった新作映画の話をしてあるから、頭を働かせれば見つかるはずだ——そんな彼女の頭蓋のなかに石器時代の脳が収まっているとはちょっと想像しにくい。しかし人間の心の求愛・配偶行動の仕組みを研究している科学者によれば、それが事実なのだ。

人間が進化するのに費やしてきた何百万年かのうち、九九パーセントまでは原始的な環境のなかでの暮らしだった。結果として、わたしたちの脳は人類初期の祖先がぶつかったたぐいの問題を解決するように発達した。祖先が直面したいちばん重要な課題は繁殖だった。これは単に子どもが生まれるかどうかというだけではない。その子どもが確実に長生きして、さらにその子孫に遺伝子を伝えなくてはいけない。無事に生きのびる子どもがもてる配偶相手を選んだ人間は、遺伝子を子孫に伝えることができた。そのような求愛行動を組みこんだ脳のシステムのほうが成功率が高かった。繁殖行動を間違えた祖先は、種としての未来に足跡を残すことができなかった。その結果、石器時代にいちばん上手な繁殖行動をした人間の脳の配線が、現代の人類にも標準装備された。この求愛回路は一般には「恋愛」と呼ばれている。

わたしたちは『原始家族フリントストーン』のフレッドやウィルマよりもはるかに洗練されたつもりでいるかもしれないが、精神の基本的なありようや装備は石器時代の彼らと変わらない。

わたしたちの精神的本能は何百万年も変化していないと考えると、なぜ進化心理学者のデヴィッド・バスが言うように、世界中の女性が理想的な配偶者の条件として同じ資質を求めるのかということにも納得がいくかもしれない。バスは五年あまり、世界じゅうの――旧西ドイツから台湾、ムブティ・ピグミーからアレウト・エスキモーまで――三七の社会の一万人以上を対象に配偶者の好みを調査した。そこでわかったのは、どこの社会でも女性は夫候補者の見てくれより物質的リソースと社会的地位に関心をもっていることだった。ロブはメリッサにマーケティング・コンサルタントだと自己紹介したが、そんなものはサンフランシスコに掃いて捨てるほどいるし、商売がたちゆかなくなったコンサルタントもメリッサはおおぜい知っていた。彼女は気づかなかったが、この自己紹介はロブが恋人として適格なのか、それとも「当分、遊ぶだけのひと」なのかの判断を難しくしていた。

バスの発見は、多くの女性が高い地位を獲得し、社会的、経済的自立に誇りをもっている時代にはあてはまらないと感じられるかもしれない。しかしバスの調査では、三七の社会のすべてで、女性は配偶者候補の資質として物質的リソースや社会的地位を男性よりもはるかに高く評価していたのであり、それは自分自身の資産や稼得能力とは無関係だった。

メリッサも経済的に自立しているが、妻を養う能力のあるパートナーを望んでいる。ニワシドリのメスも同じで、最も美しい巣をつくったオスとつがいになることを選択する。わたしの夫は、自分もニワシドリのオスと同じだと冗談を言う。彼はわたしたちが出会う数年前にすてきなマイホームを入手していて、わたしを迎え入れる準備は万全だった。

また調査によると、女性は平均して自分より一〇センチあまり背が高く、三歳半くらい上の男性を好むという。この傾向は世界共通だ。女性は脳の配偶者選択システムの一部としてこの傾向を受け継いでいて、それが目的にかなっているのだろう、と研究者は結論づけている。

ラトガース大学の先駆的進化生物学者、ロバート・トリヴァースは、このような資質を基準にして配偶者を選ぶのは、じつに抜け目ない投資戦略であるという。人間のメスがもつ卵子は数が限られていて、出産育児にたいする投資はオスに比べてはるかに大きいから、女性がこの「たいせつな家宝」の扱いにとりわけ慎重なのは、理にかなっている。だからこそメリッサは脳の魅力感知回路でドーパミンとテストステロンが急増し、抵抗しがたいほど彼に惹かれはしても、出会った晩にロブとベッドをともにしたりはしなかった。ダンスカードからほかの男性たちを削除しなかったのも同じ理由からだ。

男性は一度の交渉で女性を妊娠させて立ち去ることができるが、女性は九カ月の妊娠期間を経て、出産のリスクを冒し、何カ月も授乳して、子どもの生存を確実にすべく大変な仕事をなしとげなければならない。このような課題にたった一人で取り組んだ祖先たちは、遺伝子を残すことに成功する確率が低かったに違いない。

現代でさえ、一部の未開社会では父親の存在が子どもの生存確率を三倍も押しあげる。したがって女性にとって最も安全な選択は、ずっと一緒にいて自分や子どもたちを守ってくれそうな、そして食物や住まい、その他のリソースへのアクセスを改善してくれそうな相手を選ぶことなのである。

メリッサは賢明にも、時間をかけてロブがよい配偶者候補であることを確認した。彼女が夢見たのは愛する夫、そして自分を愛して無条件で大切にしてくれる夫だった。最悪なのは彼女の母親を泣かせた父親のような不誠実な男性である。ダンスクラブで出会った夜、彼女はさまざまな心強い手がかりを得た。ロブは背が高く、年上で、経済的にも順調らしく見えた。石器時代からの壮大な枠組みの基準でいえば、彼は必要条件を満たしている。だが長期的な関係を結べる相手かどうかはまだわからなかった。

◆男性が求めるもの

メリッサが古代から受け継いだ脳の回路が資産と保護という面で相手を査定していたのなら、ロブの脳は長期的な関係を結ぶ相手として何を求めていたのだろう？

バスやその他の研究者によれば、ロブが求めているものはまったく異なるという。世界中の男性は、二〇歳から四〇歳までの、平均して二歳半年下の肉体的に魅力的な伴侶を好む。さらに長期的な配偶者候補として、肌がきれいで目がぱっちりしていて、豊かな唇につややかな髪のナイスバディが好まれる。この傾向がどんな社会にも共通している事実は、これが先祖から受け継がれて男性に組みこまれた好みであることを示唆している。たまたまロブがつややかな巻き毛に弱かったというわけではない。メリッサの髪がロブが先祖から受け継いだプログラムを発動させたのだ。

なぜ男性の希望リストのトップにこれらの資質が並ぶのか？　現実的な観点からすればこれらの資質はどれも皮相的に思えるかもしれないが、じつは生殖能力があることを示すわかりやすい視覚的特徴なのである。当人が意識しているかどうかはべつとして、男性の脳は女性の生殖能力こそが再生産という投資への最大の見返りだということを知っている。何千万もの精子をもつオスは、性交渉の相手として繁殖力のあるメスを見つけることさえできれば、ほとんど無限の子孫を残せる。したがって男の最大の仕事は生殖能力があって子どもを産める女とつがうことなのだ。生殖能力のない女性と一緒になるのは、遺伝子的未来を捨てることを意味する。だから何百万年ものあいだに、男性の脳は視覚的な手がかりから女性の生殖能力を査定できるように進化した。もちろん年齢や健康は重要な要素である。活発で活動的で、足どりが若々しく、左右対称の姿かたち、なめらかな肌、つややかな髪、エストロゲンでふっくらとした唇は、年齢、生殖能力、健康を容易に見てとれるしるしなのだ。だとすれば、女性たちがコラーゲン注入でふくよかに見せ、ボトックスでしわとりをしようと努力するのも不思議ではない。

体型は――豊胸術などというものもあるが――生殖能力を示す優れた指標である。思春期以前は男女の体型もウエストとヒップの比率もそう変わらない。だが生殖ホルモンが分泌されると、健康な女性の身体は丸みを帯びて、ウエストはヒップよりも三分の一ほど小さくなる。このような体型をした女性は、ウエストとヒップの差がさほど大きくない女性よりもエストロゲンが多く、若いうちに妊娠しやすい。細いウエストは女性の生殖能力を一目で示す手がかりでもある。妊娠すると体型は大きく変化するからだ。

社会的な評判も男性の査定の要素のひとつになることが多い。男性が繁殖という面で成功するには、自分とだけ性交渉する女性を選ばなければならない。男性は自分が親であることを確信したいし、同時に子どもが無事に生きのびるためには、育児能力に信頼のおける女性でなくてはならない。

メリッサがすぐにボブとベッドをともにしたり、それまでつきあった男たちのことをひけらかしたりしたら、ボブの頭のなかの石器時代の脳は、彼女が不実であるとか、世間的な評判のよくない女性だと判断しただろう。ダンスフロアでは魅力的な彼女が、適当な時間にタクシーで帰宅したことは、長期的な関係を結ぶのにふさわしいレディーであることをロブにアピールすることになった。

◆彼は信用できるか？

ロブからの留守番電話メッセージを受けとったメリッサは、それから数日たって電話をかけた。最初のデートでキスはしたが、メリッサはもっとよくロブを知るまでは肉体関係をもつつもりはなかった。ロブは信じられないほどおもしろくてチャーミングだったし、きちんとした暮らしをしているようだが、しかしメリッサは体感的直感で確信するまでは、彼を信用しなかった。脳の不安回路は見知らぬひとにはつねに警報を鳴らす――メリッサの扁桃の不安回路はまだフル稼働していた。見知らぬひとにたいする自然な警戒心は男女に共通する脳のプログラムだが、とくに配偶者を探している女性は、男性がどこまで誠実につきあう気なのかを早くから慎重に探る。

男性が女性をたらしこんで捨てるというのは、人類という種の起源にまで遡る古い策略だ。ある研究によれば、若い男子大学生は、自分を実際より親切で、まじめで、信頼できる人間に見せようとしていると認めている。一部の人類学者は、女性をだまして性行為に同意させることが上手な男性が、自然選択では有利なのだろうと考えている。そのために女性は、さらにうまく男性のウソや誇張を見抜く必要に迫られることになった。

たとえばスタンフォード大学の心理学者エレノア・マッコビーは、女の子は男の子よりも幼いときから、現実とおとぎ話や「ごっこ遊び」の違いを見分けるという。現代の女性はおとなになるとこの優れた能力をさらに磨きあげて、声音や視線、表情などから感情的なニュアンスを読みとる。

このとくべつな慎重さのおかげで、ふつうの女性の脳は、男性ほど簡単に魅惑されたとか性的行動によって興奮したと認めたがらない。とはいえ女性も結局は同じ、いやもっと高いロマンチックなレベルに達するが、つきあいはじめて最初の何週間か何カ月かは、恋をしたと告白するのに男性より時間がかかるし、もっと慎重だ。

男性の脳にはべつの神経学的な愛のプログラムがある。脳の画像診断を使って調べた研究によると、恋をしている女性は体感的な直感、注意、記憶回路など多くの領域が活性化していたのにたいし、恋をしている男性のほうは視覚情報処理の領域でとくに活動レベルが高かったという。視覚情報の領域で活動が高まっていたことは、なぜ女性より男性のほうが「一目ぼれ」しやすいかを説明しているのかもしれない。

ひとが恋に落ちると、脳の警戒や批判的思考の回路が閉鎖される。ラトガース大学の人類学者、ヘレン・フィッシャーによれば、進化の過程で、恋する脳の回路は特定の伴侶を見つけると、その一人に排他的な関心を注ぐようになったのかもしれない、という。愛するひとの欠点にあまり批判的でない、という傾向は、このプロセスでは役に立つ。恋人たちにかんするフィッシャーの研究によると、男性よりも女性のほうが相手の欠点はあまり気にならないといい、情熱的な愛のレベルでも高い得点を示したという。

◆恋する脳

メリッサとロブはほとんど毎晩、電話で話した。毎週土曜日には公園でデートしてロブのイヌを散歩させたり、メリッサのアパートで新作の編集用フィルムを見たりした。ロブは仕事に自信をもっていたし、ようやく前のガールフレンド、ルースの話をしなくなった。ルースへの愛着が薄らいだと見たメリッサは、ロブが失恋の反動で自分とつきあっているのではなく、自分にだけ関心を集中する用意があるらしいと判断した。

三カ月後、公園で一日ひなたぼっこをしたあとに、ついにメリッサとロブはベッドで情熱的に愛を交わし、互いに夢中になった。二人は本格的な熱い恋に突入したのである。

恋に落ちるというのは、行動面、脳ともに最も理性を失っている状況にある。これは男女共通だ。脳は新たなロマンスの苦しみのなかで「不合理」になり、恋人の欠点が文字どおり見えなくなる。この状態は自分ではどうにもならない。

情熱的に恋する、あるいはのぼせあがっている脳の状態がどんなものなのかは、研究によってわかっている。このとき、脳の回路は強迫観念、躁状態、依存症、渇き、飢えなどと共通した状態になっている。恋は情動ではなく、他のさまざまな情動の激化あるいは減退なのである。恋愛回路は主として動機づけシステムであって、これは脳の性的衝動の領域とは異なるが、しかし部分的に重なっている。この熱狂的な脳の活動はドーパミン、エストロゲン、オキシトシン、テストステロンなどのホルモンと神経伝達物質をエネルギーにして行われている。

恋をしたときに活性化される脳の回路は、薬物依存症患者が絶望的に薬物を求めているときと似ている。愛の回路の活動が最高潮に達しているとき、扁桃——脳の不安—警報システム——と、前帯状皮質——不安と批判的思考のシステム——は衰退している。同じことはドラッグのエクスタシーを摂取したときにも起こる。ひとが他人に感じる通常の警戒感がなくなり、愛の回路がつながれる。恋愛とは自然のエクスタシーでハイになっているようなものだ。

恋の典型的な初期症状は、アンフェタミン、コカイン、ヘロインのようなアヘン系物質やモルヒネ、オキシコンチンなどの薬物の最初のころの効果と似ている。これらのドラッグは脳の報酬回路に火をつけ、神経伝達物質を放出させて、恋愛と同じような効果をもたらす。それどころか、ひとは恋愛中毒になるという言葉にも一抹の真実がある。とくに最初の半年ほどは、恋人どうしはともにいるときの陶酔感を切望し、どうしようもなく相手に依存していると感じるだろう。

恋愛にかんする研究によると、この脳の状態はほぼ六カ月から八カ月続くという。これは非常に激しい状態なので、恋人の利益や幸せや生存が自分のそれと同じくらい、いやそれ以上に重要に思えてくる。

この恋愛の初期段階に、メリッサの心にはロブのすべてが細かく焼きついていた。メリッサが、新作映画をある会議で上映するために一週間ほどロサンゼルスに行くことになったときには、どちらも別れがつらくてたまらなかった。これはただの思いこみではない。神経化学的な禁断症状の苦しみだ。離ればなれになって、ふれあうことも愛撫しあうことも不可能なあいだ、愛する者への飢餓感にも似た激しい思慕が生まれる。ひとによっては恋人の不在によって心の琴線を引き絞られて初めて、どれほど強い絆ができていたか、愛していたかに気づく。

わたしたちはこの思慕を心理的なものに過ぎないと考えてきたが、じつは肉体的なものだ。脳は文字どおり依存薬物からの離脱状態にある。「離れているとますます好きになるものよ」と、遠くにいる「彼」を思って苦しんでいるとき、お母さんに言われた覚えはないだろうか。わたしも夫とつきあいだして、わたしのほうはもう彼こそ「運命のひと」だと思っていた時期、彼のほうはまだそういう気持ちになっていなかった。その後、短期間離ればなれになっていたときに、彼は結婚しようと「決意」した——ドーパミンとオキシトシンの離脱症状のおかげである。彼の心の琴線がようやく、自足し独立していた男性脳を引っぱって、注意を促してくれたのだ。

離れていると、再び結びつきたいという欲求が脳のなかで熱く燃えあがる。メリッサが出張中の週のなかごろ、ロブは会いたい一心で一日だけ飛行機で飛んでいった。再会すれば、もともとの愛の絆はドーパミンとオキシトシンによってさらに強固で確かなものになる。ふれあい、抱きあい、キスを交わし、見つめあい、オーガズムが脳のなかの愛と信頼の化学的な絆を再び強化する。オキシトシン―ドーパミンの奔流が不安や批判を再び抑えこみ、脳の愛の回路がさらに活性化する。

母親はよく娘たちに、ボーイフレンドができてもあまり急いで親しくならないように、と警告するが、この助言は当人が考えている以上に賢明なのかもしれない。寄りそい、抱きあっていると、とくに女性は脳にオキシトシンが放出されて相手を信じやすくなる。また彼が言うことをなんでもかんでも信用する傾向が生まれる。社会性のある哺乳類の脳にオキシトシンかドーパミンを注入すると、とくにメスは、通常なら前提条件であるはずの恋や性的行動抜きで、慈しみや配偶行動をするようになる。また、一方の「投資家」グループにはオキシトシンを含む点鼻薬を、もう一方のグループにはこのホルモンを含まない偽薬の点鼻薬を与えたという、スイスで行われた実験がある。オキシトシンを与えたグループは、ファイナンシャル・アドバイザーと称する見知らぬ人物を進んで信頼する――自分の投資が利益を生むのは間違いないと感じる――傾向が見られたという。この研究は、オキシトシンが脳の信頼回路を活性化するのだろうという結論を出している。

抱擁にかんする実験から、オキシトシンはふつう一人の相手との二二回目の抱擁ののちに脳内に放出される——抱擁相手との絆ができあがって、信頼回路が活性化する——ことがわかっている。だから相手を信頼するつもりがなかったら、抱擁は控えたほうがよい。

ふれあいや見つめあい、楽しい感情的な交流、キス、性的オーガズムも、女性の脳でオキシトシンを放出させる。このような接触は、脳のロマンチックな愛の回路にとりあえずスイッチを入れるのかもしれない。エストロゲンとプロゲステロンもオキシトシンやドーパミンを増加させ、女性の脳の絆づくり回路を接続させる。

ある研究によると、女性は月経周期の週によって、これらの脳内化学物質から受けとる報酬（快感）がとくに大きくなるという。それならばこれらのホルモンは脳のなかの愛や慈しみ行動の回路を活性化させ、同時に警戒や回避の回路を閉ざすのだろう。言いかえれば、高レベルのオキシトシンとドーパミンが流れていれば、判断力などどこかに消えてしまうということだ。これらのホルモンは批判的な判断のスイッチを切ってしまう。

恋愛衝動はいつも背景でうろうろしている。しかし恋をするということは、自分の暮らしにも脳にも愛する者のための場所を空けることであり、脳のなかの愛着と情動記憶の回路を通じて「彼」を自己イメージに取りこむことだ。このプロセスが展開しはじめると、感情的な絆を維持するのに必要なオキシトシンとドーパミンの刺激は低下する。もう一日二四時間抱きあっている必要はなくなる。

ロマンチックな愛着への基本的な衝動は脳のなかにプログラムされている。胎内にいるときの脳の発達、子ども時代に受けた慈しみの量、感情的な体験などのすべてが、他者への愛と信頼という脳の回路のさまざまなバリエーションをつくりあげる。メリッサは父が女性にだらしなかったことを知っていたので、恋愛や愛着にかんしてはシニカルなほうだった。

恋愛や感情的な愛着形成ができやすいかどうかは、経験とホルモンの状態によって変化する脳の回路の両方に影響される。環境的ストレスも愛着の形成を促進したり阻害したりするだろう。子どものときに慈しんでくれた人物への感情的な愛着と絆は生涯にわたって残る。物理的感情的に世話をされてかわいがられた体験の反復によって、あるいはその経験の欠落によって、脳の回路が強化され、子どものころの育児担当者は回路の一部に取りこまれる。その人物に安心して頼り、慈しまれた経験をもとに安心回路ができあがる。この経験がないと、脳のなかには安心回路が存在しないか、あったとしてもごく弱い。それでも短い期間、恋することはできるが、長期的な感情的愛着はなかなかできないし、できても維持されにくいだろう。

◆ロマンチックな絆

「かたときも彼と離れてはいられない」という脳のなかのせっぱつまった現実が、「あら、こんにちは。このごろどんな感じ？」という状態にまで変化するのはどうしてなのか？

脳に放出されていたドーパミンはだんだん鎮静化する。恋の初めから安定した恋人どうしになるまでの女性の脳の変化をＭＲＩで見ていれば、報酬―快感回路と飢餓―思慕回路がだんだん冷めていき、愛着と絆の回路があたたかな黄色に光りだすのがわかるだろう。

熱狂的な激しい恋心が永遠に続くはずがないことをわたしたちは知っている――だが、なかには恋の激しさが薄れると不安になるひとがいる。わたしと会ったときのメリッサがそうだった。ロブとつきあいだして一年後に、彼女はわたしに会いにきた。

最初の五カ月はほんとうにすばらしかった、と彼女は説明した。毎日激しいセックスをしたし、次のデートが待ちどおしくてたまらなかった。いまは一緒に暮らしていて、それぞれハードな仕事をこなし、結婚して家庭をもつことが話題に出るようになった。それなのに彼女は二人の関係に「ときめかなく」なった、という。もう彼への愛が確信できない。以前ほどセックスに関心がもてなくなったことも不安の種だった。ほかに好きなひとがいるとか、べつのだれかを探したいということではない。ただ、とくに最初の五カ月に比べると、期待するほどの情熱や興奮が感じられない。わたしのどこが「変」なのだろうか？　ロブは自分にふさわしい男性なのか？　自分は正常なのか？　二人の関係から性的な火花や激しい恋心が消えたとしたら、それでも長期的な関係を結んで幸せになれるのだろうか？

メリッサのように、恋愛の最初のころのロマンチックな熱狂が消えると、二人の関係がうまくいかない証拠だと考えるひとは多い。だが実際には、二人の関係がべつの神経学的回路に動かされる重要な長期的段階に移行しただけかもしれない。研究者はこの「愛着ネットワーク」を脳のべつのシステムだと考えている——激しい恋心にかわって、もっと静かで落ち着いた永続的なつながりが生まれるシステムだ。この段階になるとドーパミンのような報酬システムの快感物質に加えて、愛着と絆のシステムが絆づくりのホルモンであるオキシトシンを定期的に放出し、ともにいる喜びを感じるように仕向ける。長期的な関係継続と絆維持の回路のほうがもっと活発になる。

ロンドンのユニバーシティー・カレッジの研究者たちが、平均二、三年のつきあいのある恋人たちの脳を調べたところ、情熱的な恋愛で働くドーパミン産生回路よりも、批判的な判断とつながりがあるほかの領域のほうが活性化していた。恋心が落ち着いたあとの年月には、一緒に楽しい前向きな経験をすることでオキシトシンが放出されて、脳の愛着回路の活動を維持し再強化されていく。

現実的な観点からしても、あなたなしでは夜も日も明けないという熱愛から、カップルとしての穏やかな絆への変化は筋が通っている。結局のところ、配偶者がお互いにしか関心がないという状態が続いたら、子育てはほとんど不可能に近い。愛の躁状態と性的情熱の鎮静化は、遺伝子の存続を図るのに適した仕組みのように思われる。これは愛が冷めたしるしではなく、バソプレッシンとオキシトシンという二つの神経ホルモンがつくる絆で結ばれる、もっと持続的な長期的段階に移行したしるしなのだ。

社会的愛着行動は、脳下垂体と視床下部で産生されるこれらの神経ホルモンによってコントロールされている。社会的絆づくりや親としての行動について、男性の脳はおもにバソプレッシンを使い、女性の脳はおもにオキシトシンとエストロゲンを使う。男性はバソプレッシンの受容体が多く、女性はオキシトシンの受容体がかなり多い。ロマンチックなパートナーとの絆づくりに成功するには、男性にはこの両方の神経ホルモンが必要だと考えられている。テストステロンで刺激され、性的オーガズムが引き金になって、バソプレッシンが高まり、男性のエネルギー、関心、攻撃性をかきたてる。恋愛中の男性にバソプレッシンの影響が現れると、レーザー光線のような関心を恋人に向け、目の前にいないときでも心の目で積極的に追いかける。

対照的に女性はふれあいや性的快楽の授受が引き金となってドーパミンとオキシトシンが放出される経験をすれば、ロマンチックなパートナーとの絆をつくることができる。ベッドのなかでわたしの脚をあたためることは夫の「主たる」責任事項ではないかもしれないが、ふれあってオキシトシンを放出させることは重要な責任だ。やがて女性は恋人の姿を見ただけでオキシトシンが放出されるようになる。

オキシトシンとバソプレッシンがもつ圧倒的な絆づくりの力は、プレーリー・ハタネズミというふわふわした小さな哺乳類について、スー・カーターがくわしく研究している。

人間と同じくハタネズミは最初の出会いで肉体的な情熱が高まり、それから二日は文字どおりノンストップで交尾に励む。活動中のハタネズミの脳の化学変化は、人間と違って直接その詳細を調べることができる。研究によると、性的なカップリングによってメスの脳には大量のオキシトシンが、オスの脳には大量のバソプレッシンが放出される。この二つの神経ホルモンは次にドーパミン――快楽物質――のレベルを上昇させ、ハタネズミはパートナーだけに恋するようになる。この強力な神経伝達物質の接着剤のおかげで、ハタネズミはそのパートナーと生涯、添いとげる。

オスでもメスでも、オキシトシンは緊張緩和、不安の解消、絆、相手にたいする満足を引き起こす。この効果を長期的に維持するには、ほとんど毎日ふれあい、親しんで、脳の愛着システムにオキシトシンの刺激を繰り返し与えて活性化しなければならない。

スウェーデンの研究者、シャスティン・ウヴネース・モベリによると、同じオキシトシン・レベルを維持するのに、男性は女性よりも二倍から三倍ふれあう必要がある。始終ふれあっていないと――たとえば配偶者と離ればなれになっていると――脳のドーパミンとオキシトシン回路および受容体が飢えてしまう可能性がある。配偶者どうしは、しばらく離ればなれになる機会がくるまで、どれほど相手の物理的存在に依存しているか、自分では気づかないかもしれない。しかし脳のオキシトシンが、快楽と慰安と落ち着きを求めて何度でもお互いのもとへ戻るように仕向けている。ロブがロサンゼルスに飛んだのも不思議ではない。

◆ストレスが及ぼす影響

ハタネズミの研究は、オスとメスの愛着がどれほど違うかも浮き彫りにしている。メスのプレーリー・ハタネズミは、ストレスが少ない状態で最良の絆形成スキルを発揮する。ところがオスはストレスが高いほうがうまくいく。メリーランド大学の研究者は、メスのプレーリー・ハタネズミをストレスの多い環境におくと、交尾した相手との絆が形成されないことを発見した。ところがオスのプレーリー・ハタネズミにストレスをかけると、最初に見つけた交尾可能なメスと大急ぎでペアになる。

人間も男性の愛の回路はストレス・レベルが高いときにとくに活性化する。たとえば肉体的な厳しいチャレンジを経験すると、男性は最初に出会ってその気になってくれた女性と大急ぎで性的な絆をつくる。戦争のストレスにさらされた兵士が花嫁をともなって帰国することが多いのも、ここに原因があるかもしれない。

対照的に女性は、ストレスがかかっていると愛情や欲望の誘いや表現をはねつける。理由は、ストレス・ホルモンのコルチゾールが女性の脳でオキシトシンの活動を妨げ、性的欲求や肉体的なふれあいへの要求が急になくなってしまうことにありそうだ。男性のほうは精子をさっさと放出すればすむが、女性にしてみれば、ストレスの強い状況で九カ月の妊娠ののちに子育てをしなければならないのでは、理屈に合わないのだろう。

◆一夫一妻遺伝子

べつの種類のハタネズミの愛情生活も、哺乳類のうちわずか五パーセントにしか見られない一夫一妻にかんする脳のメカニズムを解明するうえで参考になる。プレーリー・ハタネズミは一夫一妻のチャンピオンで、マラソン交尾のあと生涯続く夫婦の絆をつくりあげる。ところがモンタナ・ハタネズミは一匹のパートナーと落ち着くことは決してない。研究者はこの違いの原因として、プレーリー・ハタネズミには一夫一妻遺伝子とでもいうべきDNAの一片があるのに、モンタナ・ハタネズミにはこれが欠落していることを発見した。

メリッサはロブと真剣につきあうにつれて、だんだん心配になった。ロブはプレーリー・ハタネズミだろうか、それともモンタナ・ハタネズミだろうか？

これまでのところ、人間の男性は完全な一夫一妻主義者から完全な一夫多妻主義者まで広く分布していることがわかっている。研究者は、この違いの奥には遺伝子とホルモンの相違があるのではないかと考えている。脳の特定のバソプレッシン受容体をコードする遺伝子が存在する。この遺伝子をもっているプレーリー・ハタネズミはモンタナ・ハタネズミよりも脳の受容体の数が多く、したがって絆づくりの効果をもつバソプレッシンにたいして非常に敏感なのだ。研究者がモンタナ・ハタネズミの脳にこの「欠落」遺伝子を注入すると、乱交がふつうのオスがとつぜんに一夫一妻主義者になって、妻との絆の強いマイホーム・パパになる。

バソプレッシン受容体遺伝子が長いオスほど一夫一妻で、せっせと子どもの毛づくろいをしたり舐めたりして長時間過ごす。パートナーへの愛情も強く、繁殖力があって若くて愛想のいいメスと駆け落ちするチャンスがあっても飛びつかない。この遺伝子が最も長いオスは、いちばん頼りになり信頼できるパートナーで父親である。

人間の場合、この遺伝子は少なくとも一七ある。女性研究者たちは「ほかのどんなものの長さよりもバソプレッシン遺伝子の長さのほうが重要よね」と冗談を言いあう。そのうち薬局で――妊娠検査薬のように――この遺伝子の長さを調べる検査キットを購入できる日がくるかもしれない。そうすれば、真剣につきあう前に最善の男性かどうか確認できるだろう。したがって男性が一夫一妻主義かどうかはひとによって決まっていて、遺伝的に次の世代に受け継がれているのかもしれない。

献身的な父親、誠実なパートナーは決して父親の実例を見習ってそうなるのではなく、生まれつきなのではないか。

わたしたちに最も近い霊長類――チンパンジーとピグミー・チンパンジー――も、この遺伝子が異なっていて、それぞれの社会的行動も遺伝子に見合っている。バソプレッシン遺伝子が短いチンパンジーは、縄張りをベースにしたオスが支配する集団で暮らし、近隣の集団としょっちゅう、ときには致命的な闘いを展開する。ピグミー・チンパンジーのほうにはメスの階層制度があり、すべての社会的つながりは性行為めいた愛撫によって固められる。彼らは非常に社会的で、長いバージョンのバソプレッシン遺伝子をもっている。

人間の遺伝子バージョンはどちらかというとピグミー・チンパンジーに近い。遺伝子が長いほど、社会的責任感が強いようだ。したがってパートナーへの忠誠度の違いは、この遺伝子とホルモンの個人的相違によるものかもしれない。

女性は九カ月に一人しか子どもをもてないから、子育てを助けてくれる誠実な男性とパートナーになりたいと思うだろう。だが現実はさらに複雑だ。

◆失恋に苦しむ脳

ある晩、ロブは電話をすると言ったのにかけてこなかった。彼らしくない行動で、メリッサは心配でいてもたってもいられなかった。怪我でもしたのだろうか？　ほかの女性と一緒なのか？　メリッサは肉体的な恐怖を感じた。奇妙なことにパートナーを失うのではないか――捨てられるのではないか――という脅威あるいは恐怖は、ロマンチックな恋心に再び火をつけることがある。

実際、男性でも女性でも捨てられると脳の熱愛現象の回路が活性化し、飢えたように必死に恋人を求める領域が熱くなる。離脱症状が――薬物切れのように――起こる。自分の生存が脅かされていると感じ、扁桃に恐怖の警告が鳴りわたっている状態だ。前帯状皮質――不安や批判的判断に関与する脳の領域――が、愛する者を失うぞというネガティブな思考を生みだす。激しい欲求と関心が高まって、何がなんでも結びつきを取り戻したいという強迫的な思いが起こる。この状態は信頼や絆ではなく、愛する者を追い求める苦痛を引き起こす。

メリッサはロブを失うのではないかと半狂乱になった。彼の意見や関心、信念、趣味、しぐさ、性格などを取りこんで広がっていた彼女の一部は、脳の報酬―動機づけの領域の奥深くから生まれる急性の感情的、肉体的、心理的離脱症状に苦しむ。

ロマンチックな恋愛の段階で楽しく急拡大した部分が、今度は痛みをともなって収縮する。そして裏切りや愛の喪失を経験するときも、女性は男性とは違う反応をする。失恋し捨てられて自殺する率は、女性より男性のほうが三倍から四倍も高い。対照的に女性のほうはうつに沈みこむ。ふられた女性は、食べることも眠ることも働くことも集中することもできずに泣き暮らす。社会的活動から身を引く。そして自殺を「考える」。

たとえば、一八歳のルイーズは、ボーイフレンドのジェイソンと二年間いつも一緒だったが、ある午後、ジェイソンは大学に行くために旅立った。そのとき彼は、離れているあいだは自由にほかの女の子とデートしたいと告げて、とつぜん二人の関係に終止符を打った。それから四日後、ルイーズの父親があわてててわたしに電話をかけてきた。ルイーズは食事も睡眠もとらず、床をのたうちまわってジェイソンを恋しがり、彼がいないなら死んだほうがましだと嘆いて手がつけられない、ということだった。

ルイーズは失恋によって——文字どおり——傷ついていた。ごく最近まで「傷つけられた」とか「胸が破れた」という言葉は詩的な表現に過ぎないと考えられていた。だが脳の画像を撮影して調べると、これらの言葉が正しいことがわかる。失恋すると肉体的な傷を負ったのと同じように苦しむ。脳の同じ回路が活性化するからだ。愛する者に捨てられたばかりのひとの脳を見ると、ロマンチックな愛が活発に活動していた状態から喪失と悲しみという生化学的な沈滞へと、化学的な変化が起こっていることもわかる。

メリッサの場合はまだそこまでいっていなかった。愛情というドーパミンの上昇がないと、うつ――絶望という反応が黒雲のように脳を覆う。ルイーズにはこれが起こっていたが、メリッサはそうではなかった。ところでロブはその晩電話するはずだったことすら忘れ、男友だちとポーカーをしていた。自分がどれほどメリッサを傷つけたかに気づいたロブは彼女に謝り、これからは必ず電話すると約束した。この事件でメリッサもロブもお互いが不可欠の存在になっていたことに気づき、二人の関係を永続的なものにする次の段階に進もうという決意のきっかけができた。二人は婚約した。

失恋による「脳の痛み」は、社会的分離の危険を知らせる肉体的な警鐘として進化したのかもしれない。痛みはわたしたちの関心を引き、行動を妨げ、自らの安全を確保して苦しみを終わらせようという意欲を起こさせる。人間の生存と生殖、食物獲得、育児、保護にとって配偶者を得ることがどれほど重要かを考えれば、別れを回避せよと――少なくとも、また新たな歓喜に満ちたドーパミンとオキシトシンのうっとりする興奮状態に巻きこんでくれるほかの相手を急いで探せと――知らせるために、喪失と拒否の苦痛が脳に組みこまれたのではないかと思われる。それではその歓喜の興奮状態の引き金は何なのか？

セックスである。

第4章　へその下の脳

ついに、すべてが整った。彼女の心は穏やかだ。マッサージは効いた。休暇の旅先はいつだって絶好の場所である。仕事もない、心配もない、電話もかかってこない、eメールも届かない。マーシーの脳がそれていく横道は何もない。脚だってあったかいし、起きて靴下をはこうかしらなどとは思わない。彼は情熱的で――すばらしい恋人だ。心地よく身をゆだね、任せていればいい。彼女の脳の不安中枢は開店休業。脳の意識的意志決定の領域はあまり明るくなっていない。脳神経と神経化学作用はオーガズムの準備を整えている。そして、発射。

女性の性的興奮は、皮肉なことに脳の活動を停止させてはじまる。オーガズムを引き起こす刺激は、扁桃――恐怖と不安の中枢――が非活性化されていなければ、快楽中枢に届かない。扁桃が活動停止するまでは、最後の瞬間に忍びこむ――仕事や、子どもや、予定や、夕食の支度にかんする――心配がオーガズムへの行進を妨げかねない。

オーガズムに達するまで、女性は平均して男性の三倍から一〇倍時間がかかるという現象の裏には、このように女性のほうがよけいな神経学的段階を踏まなければならないという事実があるようだ。だから女性のみなさんは、とくに妊娠したいと思うなら、恋人に辛抱強く時間をかけてほしいと伝えておくとよい。生物学的に男性のほうが早く達するのは、男性が射精したのちにオーガズムに達する女性のほうが妊娠しやすいからだ、という研究結果がある。

セックスは微妙なシステムではあるが、脳とのつながりはとにかく直接的である。クリトリスの先端の神経は、女性の脳の性的快楽中枢に直接つながっている。この神経が刺激されると電気化学的活動が起こり、その活動が閾値《いきち》を超えると爆発的な信号が伝えられてドーパミンやオキシトシン、エンドルフィンなど絆づくりと快感の神経化学物質が放出される。そう、絶頂感だ！　クリトリスへの刺激の中断が早すぎたり、クリトリスの神経があまり敏感でなかったり、不安やストレスや罪悪感がじゃまをすると、電気化学的活動は道の途中でぴたっと足を止めてしまう。

マーシーがわたしのところへ相談にきたのは、ジョンと出会ったときだった。彼女は二〇代初めにかなり長いあいだ、グレンという男性と深いつきあいをしていた。グレンはハンサムだし、二人の関係は順調で、マーシーにとっても心安らぐ心地よい関係だったのだが、しかし永続的なものではなかった。マーシーは性生活をほんとうに楽しんでいたし、いつも激しいオーガズムを感じてはいたが、グレンは結婚したいと思う男性ではなかった。また恋人探しをはじめて、ジョンと出会ったとき、マーシーは自分の身体が思ったように反応しないことに気づいた。ジョンが拙劣な恋人だったとか、道具に問題があったというのではない。それどころか正反対だった。ジョンはグレンよりも楽しくて、ハンサムですらあった。しかしジョンはグレンではなかった。彼女が安心してくつろげるのはグレンだった。ジョンとはつきあいはじめたばかりで、一緒にいると緊張してオーガズムを得られなかった。ある日、マーシーは首筋のけいれんに襲われて医者に診てもらい、筋肉の緊張を和らげるベイリウムを処方された。それを夕食時に服用し、ジョンとベッドをともにしたところ、オーガズムにかんする悩みは解消された。ベイリウムがマーシーの脳をリラックスさせ、扁桃を非活性化させたので、オーガズムに必要な神経化学的閾値に楽に達することができたのだ。

あたたかい場所、安心できる空間で心地よくリラックスしていない限り、なかなかこのようにはいかない。脳画像撮影法を使って女性のオーガズムを調べた研究によると、女性がその気になるには脚があたたかくて心地よく、くつろげる状況が必要であることがわかった。多くの女性は——熱い風呂やマッサージ、休暇、アルコールなどで——リラックスしていると、たとえ相手にたいして完全に心を許しているわけではなくてもオーガズムを感じる能力が高まる。

恋愛の初めのころ、熱愛のさなかにいて、パートナーが自分を崇め欲していると感じている女性は、簡単にオーガズムに達する傾向がある。また女性によっては、しっかりしたつきあいや結婚で安心できる状態だと、会ったばかりの相手よりも脳は楽にオーガズムに達する。オーガズムがおさまっていくとオキシトシンが高まり、血管が拡張するので女性の胸と顔は紅潮する。満たされた満足感が女性を包む。不安やストレスは締めだされる。だがその状態がどんなものか、わたしたちのまわりにいる男性には謎のままだ。女性ならだれでも、ベッドのなかで「いった?」と聞かれた経験があるだろう。男性にはそれが見分けられないことが多い。

心理学的なものと生理学的なものが微妙にからみあっているために、女性のオーガズムはとらえにくく、男性を——それに科学者を——戸惑わせる。何十年にもわたり、女性は自ら実験台になってつつかれたり、撮影されたり、録音されたり、インタビューされたり、測定されたり、電線をつけられたり、監視されたりしてきた。女性のオーガズムについては、荒くなる息、弓なりに反る背中、脚のぬくもり、悶えの表情、洩らす声、血圧の変化などがいちいち測定された。そしていまではMRIによって脳の活性化する部分と非活性化する部分が明らかになり、女性の脳がいかにしてオーガズムをコントロールするかが以前よりわかってきた。

ジョンとともに寝室に入るマーシーの脳をMRIで調べたら、脳のたくさんの回路が活発に活動しているのがわかるだろう。あたたかなシーツのあいだに滑りこんでジョンに抱かれ、キスや愛撫がはじまると、脳のある部分は鎮静化し、性器と胸の感受性に関与する領域が点灯しはじめる。ジョンがクリトリスにふれると、その領域は赤く輝き、クリトリスへの刺激で興奮が高まると、心配や不安の領域——扁桃——は活動が低下して青くなる。ジョンを迎えいれてさらに興奮がつのれば、扁桃はまったく活動を停止し、快楽中枢が真っ赤に脈打って、やがて――ビンゴ！――オーガズムの波動が脳と身体を浸す。

男性のオーガズムはもっと単純だ。性的なクライマックスに達するには、血液が重要な付属部品に流れこめばいい。しかし女性の場合は神経化学的な星がきちんと並ぶ必要がある。さらに重要なのは、相手を信頼していることだ。

男性の性的興奮のモデルは基本的に流体力学なので――ペニスに血液が流れて勃起する――研究者は女性にも同じような単純なメカニズムがあるはずだと延々と探しつづけた。医師たちは、女性がうまく性的な興奮を得られないのはクリトリスへの血流が少ないからだろうと推測した。だが、それが真実だという証拠は一度も見つかっていない――興奮した女性のクリトリスの変化を物理的に測定する方法も発見されていない。研究者たちはかわりに、たとえば潤滑作用のようなほかの指標がないかと探し求め、女性被験者にポルノ映画を見せて前後でタンポンの重さを測ってみたりした。女性の性的反応にかんする科学的な理解は男性のそれに比べて――何世紀とまではいかなくとも何十年も遅れているし、その進歩は苛立たしいほどに遅い。最近の解剖学の教科書でさえ、ペニスについては三ページも割いて説明しているのに、クリトリスについては記述すらない。医師たちは男性が勃起できないと医学的緊急事態だと感じるのに、女性の性的満足について同様の緊急性を感じている者はいないらしい。

一九九八年にバイアグラが華々しく登場して以来、性差にたいする科学的な関心が高まった。製薬会社は、確実に女性の欲望をかきたてる錠剤か貼付薬を発見しようとやっきになった。だがいまのところ、女性用のピンク・バイアグラを発見しようという努力は実を結んでいない。ファイザーは二〇〇四年、バイアグラがクリトリスへの血流を高めて女性の性的快感を増強することを証明しようとした八年がかりのプロジェクトを打ち切ると発表した。

いまでは女性の脳が男性の脳の小型版でないように、クリトリスが小型のペニスではないことはだれもが認める事実になっている。膣口と尿道、膣の外側三分の一をとりまく管状の組織はすべて神経と血管によってクリトリスの先端につながっている——これらの組織のすべてがオーガズムにつながる興奮に関与しているのである。この部分を「環太平洋火山帯」と呼ぶ女性もいる。

また、フロイトが誤解したように、膣のオーガズムとクリトリスのオーガズムの区別があるわけでもない。フロイトの理論のせいで一世紀近く、クリトリスのオーガズム「しか」感じない女性たちはおかしいとか、ほんものの女性ではないとされてきた。もちろんフロイトはクリトリスの解剖学や女性の脳について、まったく無知だった。神経科学者は膣がクリトリスとつながっていること、したがって女性のオーガズムは全体がひとつで、脳の快楽中枢とつながっているその器官から発生することを発見している。クリトリスは、じつはへその下の脳なのだ。しかしその活動はへその下に限られているわけではないし、また心理学的な要因だけに動かされているわけでもない。現代の神経科学者は心理学と生理学をべつものとは見ていない――両者は同じコインの表裏なのである。

◆女性にはムードが必要

臭い息、多すぎる唾液、膝や手、口の下手な動き、どんな小さなことでも女性の扁桃を活性化させて、性的な関心とオーガズムを途絶させる原因になりうる。

過去のいやな経験が女性の脳の回路を占領して、恥辱や気まずさ、不安を呼び起こすこともある。二八歳のジュリーはオーガズムを感じられないと、わたしのところへやってきた。やがて彼女は、子どものころに叔父に陵辱された経験があって、そのためにセックスを嫌悪するようになったと告白した。セックスするとき――相手が信頼し、愛している婚約者であっても――信じられないほどの不安に襲われるのだ。一〇人のうち四人の女性がジュリーのように子ども時代になんらかの不快な性的経験をしていて、成人後の性的な出会いのときにもその経験が脳を占領して不安をかきたてる――オーガズムを感じられないというのは最もありふれた症状のひとつだ。ジュリーの性的喜びは、セックス・セラピーとトラウマ・セラピーを受けて改善された。数カ月後、彼女は初めてオーガズムを感じたと電話で報告してくれた。

女性はとくに生物学的、心理学的要因が性的快楽に大きく影響する。いくつもの仕事に追われている女性には考えることがたくさんあり、それが脳の回路を占拠して性的欲望をじゃまする。クリニックのべつの患者は、長時間働かなければならない新しい仕事に就いて三カ月後にオーガズムを感じられなくなった。夫と一緒にいてもほっとする時間がもてず、それで夫のエゴを傷つけないように感じているふりをはじめた。新しい仕事の不安と緊張のせいで安心してくつろぐことができず、扁桃がどうしても非活性化しなかったのだ。

不安とストレスが性的満足を妨げるのも、女性たちがバイブレーターを好む理由のひとつかもしれない。バイブレーターをクリトリスにあてれば、早く容易にオーガズムを感じられることが多い。人間関係や男性のエゴや、彼が早くいきすぎるのではないか、ベッドで自分はどう見えるだろうか、などということを心配する必要がない。べつのわたしの——四〇代で離婚経験がある——患者はバイブレーターに慣れていたので、再びある男性とつきあいはじめたとき、相手が機械ほど具合がよくないことに気づいた。結局、彼女は過激な解決策を実行した——バイブレーターを裏庭に埋めてしまい、ほんもののペニスに慣れるように自分を追いこんだのである。

女性にはムードが必要だ。セックス以前に、円滑で安心できる人間関係がなければならないし、相手について心配しなくてすむことが必要だ。相手にたいする怒りは、いちばんありふれた性的問題の原因のひとつである。多くのセックス・セラピストが、女性にとってはペニス挿入に先立つ二四時間のできごとがすべて前戯だ、と言う。男性の場合はせいぜい三分間でしかない。女性の脳の多くの部分がいっぺんに活動しているので、まずリラックスして相手に前向きな結びつきを感じ、いいムードになる必要がある。そしていいムードになるには二四時間必要なのだし、休暇旅行が強力な媚薬になる。旅先では日常生活のストレスから離れることができる。男性のみなさんは花束やチョコレートや甘い言葉を贈るとよい――効果てきめんだ。女性は怒りを感じている相手とセックスしたいとは決して思わない。だから女性のみなさんは、いい気分になりたいなと思う日には自分を批判したりケンカをはじめたりするのは控えなさい、とパートナーに忠告したほうがいい。女性が気持ちを一新してその気になってくれるまでに、二四時間は待たなければならないのだから。

◆オーガズムの真の目的

進化という観点からすれば、男性のオーガズムにはたいした謎はない。生物学的には、さらに性的な出会いを求めずにはいられなくなるという嗜癖《しへき》に近いインセンティブをともなう単純な射精に過ぎない。理論的には、男性は受精回数が多ければ多いほど、将来の世代に自分の遺伝子を残す確率も高くなる。女性の性的クライマックスはもっと複雑でわかりにくい――そして簡単に装うことができる。女性の受胎には必ずしもオーガズムの体験は必要ない(助けにはなるが)。

女性のオーガズムにはなんの目的もないと信じている研究者も一部にはいるが、実際には性交後に女性が動かずにいることで、受動的に精子を体内に保持し、受胎の確率を高める効果がある。オーガズムが強い快感で、快感を得られることは――母なる自然のもくろみどおり――何度も繰り返したくなる、ということももちろんある。また女性のオーガズムは相手に親密感と信頼感を抱かせ、恋人どうしの力強い連帯感を生みだすために進化したという考え方もある。オーガズムは女性の性的満足と熱烈な愛を相手に伝えるコミュニケーションだ。

また進化心理学者の多くは、女性のオーガズムは――自分では意識していなくても――どの恋人の精子で受胎するかという操作を可能にする高度な適応と見ている。オーガズムが引き起こす荒い呼吸、よがり声、動悸、筋収縮とけいれん、幻覚に近い快感は、機能的に設計された精妙な生物学的イベントなのかもしれない。研究者は、オーガズムは女性の身体と脳が勝者を選ぶ「精子競争」として機能しているのではないか、と考えている。

オーガズムによって起こる筋収縮と子宮への吸引で精子が子宮の粘液バリアを通過することは昔から知られていた。この吸引力は、性交中にオーガズムによる吸引力でコンドームが引きはがされた例があるという医師の報告が存在するほど強い。このとき、コンドームは細い子宮頸管で見つかったという。これは女性のオーガズムには精子を卵子に引きよせる働きがあることを示している。

恋人の射精の一分前から四五分後までのいずれかの時点で女性がクライマックスに達すると、オーガズムがなかった場合に比べてそうとうに大量の精子が体内に保持されることが、研究者により発見されている。オーガズムがないのは、子宮頸部——卵子が待っている子宮の入り口——へと吸引される精子が少ないことを意味する。男性は女性が恋人としての自分に満足したかどうかを——満足しない女性は離れていくか、二度とセックスを望んでくれないだろうと——心配するが、女性のオーガズムには、じつはもっと賢明な目的があるのかもしれない。女性はオーガズムを通じて、どのパートナーとの子どもを宿すかを決めているのだ。

ジョンはセクシーでハンサムだから自分の子どもに伝えるにふさわしい遺伝子をもっている、とマーシーの石器時代の脳が判断したなら、彼とのセックスでオーガズムを感じるかどうかは重要な問題になる。

生物の仕組みには、淘汰を確実に生きのびるためにわたしたちの意識的な心を出し抜いて現実を操作する面があるから、女性の脳の回路は無意識にいちばんハンサムな男性を選ぶのだろう（そういう男性は激しいオーガズムを与えてくれる）。行動生態学の研究者も、動物のメスが——シリアゲムシからツバメにいたるまで——身体の両側対称性が高い（身体の左右のバランスがよくとれている）オスを選ぶ傾向があることを指摘している。なぜ左右のバランスが完璧であることが重要かといえば、身体各部での遺伝子の翻訳過程は病気や栄養不足、遺伝的欠陥によって損なわれる可能性があるからだ。悪い遺伝子や疾病によって手や目、さらには小鳥の尾羽のような形質のバランスが崩れることがあり、それが動物王国のメス仲間が選択をする際の視覚的指標になるのである。メスは見てくれのいいオスの子どもを産みたがる。最高の——免疫システムが丈夫で、健康な養い手である——オスは身体の対称性が高い。そして身体の対称性が高い求愛者を選ぶメスは、子どもによい遺伝子を確保する。

人間にも同じ傾向がある。研究によると、女性は一貫して顔や手、肩、その他の身体部分の対称性が高い男性を選んでいる。これは単なる美学的な問題ではない。身体の対称性が高いひとはそうでないひとに比べて身体的心理的に健康だという医学的文献は多く、現在も増えている。もし、いまあなたがデートしている男性の少々おもしろい顔が気になっているのなら、それは彼の遺伝子の質を教えてくれようとする自然からのサインなのかもしれない。マーシーがデートしたなかではジョンは抜群のハンサムだったから、彼の子どもが欲しいというマーシーの気持ちにはそれも影響しているのだろう。

女性のオーガズムがよい遺伝子を子どもに確保するための進化的な適応なら、ハンサムで身体の対称性が高い男性相手のほうがオーガズムを感じやすいはずだ、と考えられる。そこでアルバカーキ大学の研究者は、性的活動の盛んな八六組の異性愛者カップルを観察した。被験者の平均年齢は二二歳で、同棲期間は二年、したがって信頼関係はすでに確立されている。この被験者一人ずつに——匿名で——性的な経験とオーガズムについての質問に答えてもらった。それから各人の顔を撮影して、コンピューターでその対称性を分析した。さらに身体各部——肘の幅、手首、手、足首、脚、足の骨、人差し指と小指の長さなど――を計測した。

するとたしかに男性の身体の対称性と女性のオーガズムには相関関係があることが判明した。女性――とその恋人――の報告によると、パートナーの身体対称性が高いほど、そうでない者に比べて、性交時にひんぱんにオーガズムに達していたのだ。

ハンサムな男性はこのことを経験で知っている。調査によると、身体の対称性が高い男性ほどデート相手と性交渉にいたるまでの期間が短い。さらにデートに費やす時間も金も少ない。またこれらのハンサムな男性は、彼らほどバランスのとれた身体ではない男性に比べて背信行為が多い。

だがこのことを、わたしたち女性はあまり信じたくない。それどころか、親切で配慮のあるパートナーをもった女性ほどオーガズムを感じる、という絆仮説を信じたがる。だが現実には、男性は二種類に分けられるようだ。熱いセックスを経験できる男性と、安全で心地よくて育児に向く男性である。女性はつねに両者を兼ね備えた男性を求めるが、研究によれば残念ながらそれは虫がよすぎるようだ。

もちろん完璧に対称な身体をもったひとなどいない。だが、わたしたちはいちばん対称性の高い者を美しいと感じる。研究者にとっては意外なことに、恋人にたいするロマンチックな情熱が高いからといって、女性のオーガズムの頻度が増すことはなかった。それだけでなく、昔から避妊や病気予防の手段を講じていればオーガズムが増す――そのほうが女性はリラックスできるから――といわれているが、これも関係がなかった。男性のハンサム度だけが、性交時の女性のオーガズムの頻度に関係していたのである。要するにわたしたちの脳は避妊方法などなかった石器時代の生存に有利なようにつくられている。進化の歴史からすれば、コンドームやピルは線香花火の火花のようなものだ――ほんの最近のはかない現象で、わたしたちの感情やセックスの経験を変化させるほどの力はないのである。

◆女性の浮気の生物学

母なる自然は男女を結びつけて確実に子孫をつくらせるためにあらゆる手立てを利用するが、そのためには毎月適切なときに性交を行わせなければならない。そして、たとえば匂いは感情や記憶、性的行動と強く結びついている。排卵直前、女性の鼻と脳の回路は――ふつうの匂いだけでなく、微量の男性フェロモンにも――とくに敏感になる。フェロモンは人間や他の動物が皮膚や汗腺から放出している社会的化学物質で、男性の汗から検出される。フェロモンは脳の知覚と感情を変化させ、欲望――性的欲望など――に影響を及ぼす。排卵に向かってエストロゲンが増大すると、嗅覚に関与する脳の感度も変化する。ほんのわずかなフェロモンでいい。人間の汗一滴の百分の一に含まれるフェロモンが強力な威力を発揮する。香水業界がこの物質を香水やアフターシェーブ・ローションに加えようとやっきになっているのも不思議ではない。

だが香水業界はご存知ないだろうが、フェロモンの効果は月経周期のなかのどの日にあたるか、それどころかどの時間かでも変化する。たとえば排卵直前、女性の受胎力がいちばん高いときに、男性の汗腺から放出されるアンドロスタディエノン（卵巣でつくられる主たるアンドロゲンであるアンドロステディオンの仲間）と接触すると、六分以内に気分が晴れやかになり、集中力が増大して頭がシャープになる。空中に漂うこのフェロモンは、それから何時間も女性の気分が落ちこむのを防ぐ。思春期の初め、女性の脳だけがアンドロスタディエノンを、しかも一カ月のうちの特定時間だけ感知することができる（男性の脳はできない）。受胎力がいちばん高まっているときに女性の感情にアンドロスタディエノンが働いて、社会的な——生殖につながる性的な——交わりに道を開くのかもしれない。わたしのところに初めてやってきたとき、マーシーがジョンの体臭が魅力的だったと言ったことは興味深い。

男性の体臭と女性の鼻について、プラハにあるカレル大学のヤン・ハヴリチェクは、フェロモンと女性の脳にかんする（異論の多い）仮説を提唱している。ハヴリチェクは、すでにパートナーがいる排卵時の女性は他のもっと支配的な男性の匂いを好むのにたいし、シングルの女性にはそうした傾向がないことを発見した。そこでハヴリチェクは、この発見がシングルの女性は家庭的な男性を欲するという自分の仮説の証明になる、と主張した。しかしいったん家庭が確保されると、女性は最高の遺伝子をもつ男性と浮気したいという生物学的衝動を感じる、というのである。生涯添いとげると考えられていた小鳥のつがい行動を調べたところ、ヒナ鳥の三〇パーセントは母鳥と一緒に暮らして一家の世話をしているオス以外のオスの子どもだったという調査もある。

メスの貞節神話をぶち壊す後ろ暗い秘密は人間界にもある——遺伝子診断を依頼された子どもの一〇パーセントは、父親であるはずの男性とは遺伝的つながりがなかったのである。倫理的な配慮から、研究者たちはこうした詳細をだれにも明かしていない。だが、どうしてこんなことが起こるのか？　女性の脳は、いつものパートナー以外の男性にオーガズムを感じて受胎するようにできているのだろうか？　とくに好ましい相手でオーガズムを感じることは生殖上の利点になると考えられる。女性のオーガズムは精子を女性生殖器に吸引するから、魅力的な男性の精子が受精する可能性が大きくなる。セクシーなパートナーだと受胎率が高くなるということは、なぜ女性はふつう受胎力が高くてその気になりやすい生理周期の二週目に——排卵直前に——ほかの男性に惹かれるのかという理由を説明しているのかもしれない。

べつの研究によると、よそに恋人がいる女性ほど決まったパートナーを相手にオーガズムを装うことが多いという。決まったパートナーにオーガズムを装うのは、べつの恋人がただの浮気相手に過ぎないと報告する女性にも共通している。男性は生物学的に相手の性的満足を示す手がかりを探すようにできている——女性の側の満足は貞節を確信させてくれるのだ。偽装オーガズムは女性の不実から主たるパートナーの目をそらすために機能しているのだろう。男性のほうにしても、主たるパートナーへの性的関心を装うことは、男性の不実から——ときには長年にわたる結婚生活のあいだ——女性の目をくらますための古い手である。研究者は、婚外セックスをしている女性は主たるパートナー（多くの場合、夫）の精子を保持する率が低く、逢い引きのときにオーガズムを感じて秘密の恋人の精子をより多く残すという。これらを総合すると、女性のオーガズムは結婚したい好人物との絆とはあまり関係なく、それ以外の恋人の遺伝的資質にたいする無意識の巧妙かつ原始的な評価に関係していると言えそうだ。女性も男性以上に一夫一妻主義に適しているわけではない。女性も選択肢をオープンにしておいて、自分の不実からパートナーの目をそらすためにオーガズムを装うのである。

◆愛の燃料はテストステロン

男女どちらの場合も、性的欲望の引き金は、ときに誤解されて「男性ホルモン」と呼ばれる化学物質、アンドロゲンのなかのテストステロンである。これはじつは性と攻撃性のホルモンで、男性にも女性にもたくさんある。男性の場合は精巣と副腎で、女性は卵巣と副腎でつくられる。男女ともに、テストステロンは脳の性的エンジンを動かす化学燃料である。燃料が十分なときにはテストステロンによって視床下部が元気に働き、エロティックな感情に火がついて性的な幻想や性感帯の感度が高まる。男性でも女性でもこの仕組みは同じだが、脳を「作動」させるのに使われるテストステロンの量には大きな差がある。男性は平均して女性の一〇倍から一〇〇倍もテストステロンをもっている。

浮気心もテストステロンに組みこまれている。研究によると、テストステロン・レベルが高いメスのラットはとくに遊び好きで、ラット仲間の性的積極性を示すと見られている「走りだし」行動が多いという。人間でも、女の子の初めての性的感情と性行為の体験はテストステロン・レベルに関係している。八年生（一三歳）、九年生（一四歳）、一〇年生（一五歳）の女子にかんする調査では、テストステロン・レベルの高さと性的思考や自慰行動の頻度には相関関係があった。また思春期の女性にかんするべつの調査では、テストステロンの高まりはかなり有意な初体験の先行指標だったという。

一〇代の男女はテストステロンに触発されて性的関心が急激に高まるが、性欲と性的行動については、やはり男女で大きな違いがある。女性のエストロゲン・レベルは八歳から一四歳までに一〇倍から一二倍に上昇するが、テストステロン・レベルは五倍にしかならない。男性のテストステロン・レベルは九歳から一五歳までに二五倍に増える。これだけ多くの性的ロケット燃料を有しているのだから、一〇代の男の子は同年齢の女の子の三倍以上も性的衝動が強い――この違いは生涯続く。また、男性は思春期を通じてテストステロン・レベルが着実に上昇しつづけるのにたいし、女性の性ホルモンは週によって波があり、女性の性的関心はほとんど毎日変化する。

女性のテストステロンがあるレベル以下に落ちると、性的関心をまったく失う。閉経にはまだ早い四二歳の学校教師ジルがわたしに相談にきたのは、性欲をまったく感じない――それで結婚生活に支障が出た――からだった。彼女の血液中のテストステロン・レベルは非常に低かったので、わたしはテストステロン・セラピーをはじめ、ホルモンへの反応を調べるために、性的幻想や夢が何回くらいあり、どれくらい自慰行為をしたか、あるいはしたくなったかを記録してもらった。性行為の回数だけを記録しても、それは夫の性欲の測定になってしまうだろう。

経過は三週間後に判断しましょうということになったが、その三週間のあいだに、ジルは間違えて倍量のテストステロンを摂取してしまった。次にクリニックにきたとき、彼女の顔は紅潮していた。そして、きまり悪そうに間違いを報告し、性的衝動があまりに激しいので、授業時間の休みごとに自慰のためにトイレに走っていると言った。そして「ほんとうにわずらわしいのですが、でもようやく一九歳の男の子の気持ちがわかりました！」と語ったのである。

ジルがもう少し待っていたら、生理周期にともなってべつのホルモンがテストステロンの流れに介入してくれたことだろう。テストステロンは性的衝動を発火させるために脳が必要とする主たる引き金だが、女性の性的関心と反応に影響する神経伝達物質はこれだけではない。

生理周期の後半に高まるプロゲステロンは性的衝動と行動を抑制し、女性のシステムのなかでテストステロンの働きの抑止力になる。一部の男性性犯罪者の性衝動をやわらげるためにプロゲステロンが注射されることもある。女性でも生理周期の後半二週間にプロゲステロンが高まると、性的関心が低下する。

テストステロンは生理周期の二週目、受胎力が――性的衝動も――いちばん高まる排卵直前に自然に増加する。エストロゲンはそれ自体では性的衝動を高めることはないが、テストステロンとともに生理周期のなかごろに増加する。女性はエストロゲンによって、主として膣が潤ってセックスを受け入れやすくなる。

◆セックスにかんする男女格差

じつは男性の脳のセックスに関連する中枢は、対応する女性の脳の構造の二倍も大きい。脳にかんしては、サイズの違いが女性と男性のセックスについての考え方、反応、体験に大きな相違を引き起こす。女性に比べて男性は文字どおり性のことをしょっちゅう考えている。しじゅう射精していない限り、男性は性腺と前立腺に圧迫感を感じる。

男性の脳はセックスに関与するスペースと処理能力が女性の二倍もある。女性は感情の処理用として片側八車線のスーパーハイウエーをもっているのに、男性のそれは細い田舎道なのだが、セックスにかんする思考の処理については、男性にはオヘア空港級のハブ空港があって、女性には小さな自家用機が離着陸する近隣空港しかない。

たぶんこのために、二〇歳から三〇歳までの男性の八五パーセントは五二秒ごとにセックスのことを考えるのに、女性は一日に一度――受胎能力がいちばん高まっている日々でも三、四回――しか考えないのだろう。このために、両性間で興味深いやりとりが生まれる。男性はひんぱんに女性を口説いて性交渉にもちこもうとする。女性のほうはふつう、まずそのことを考えたりはしない。

ジェーンとエヴァンは三〇代のカップルだが、よくある問題の相談をしにわたしのもとへやってきた。ジェーンは新しい仕事に就いたところで、少々体重が増え、非常にハードな勤務がはじまっていた。時間もエネルギーもすべて――性欲もすべて、と言ってもいいかもしれない――職場でよい評価を受けることに注がれた。だからもうセックスなんて気分ではなかったのだが、夫は当惑した。一年前に自分が転職して厳しい仕事をはじめたときには、以前にも増してセックスしたかったからだ。しかしエヴァンががんばってジェーンをその気にさせさえすれば、彼女は行為を楽しんだし、オーガズムにも達した。ただ、自分からはどうしてもそんな気にならなかった。わたしの経験上、これは働く女性に共通するいちばんのトラブルなのである。

一見、なんの問題もないようなこんな会話があったとする。

「ねえ、わたしは疲れているの。今日一日、とっても忙しくて、食事する暇もなかった。そりゃ、ベッドでいちゃいちゃするのもいいけれど、でも正直言うとごはんを食べて、テレビを見て、眠りたいの。かまわないでしょ?」

彼はいいよと言うかもしれないが、しかし奥深いところでは原始的な仕組みが作動する。思いだしていただきたい。彼は文字どおり毎分セックスについて考えている。彼女がセックスを望まないなら、それは彼の魅力が薄れたか、ほかに男がいるせいかもしれない。言いかえれば、愛がなくなったのだ。

わたしのところでカウンセリングを受けようと主張したのはエヴァンだった。ジェーンがもう自分を愛していないか、もっと悪いことに浮気をしているのではないかと思ったからだ。一緒に男女の脳の違いについて話しているとき、ジェーンはセックスを望まない自分にたいして、エヴァンの脳の現実が思わぬ反応をしていたことに気づいた。彼女の肉体的欲求がなくなったことを、彼の脳は「彼女はもうぼくを愛していない」と解釈したのである。ジェーンは夫にとってセックスが何を意味するかを知って、以前より同情的になった。

女性と言語コミュニケーションについても同じことが起こる。パートナーの口数が少なくなったり、心をこめた反応をしなくなると、彼女は自分が否定されたか、何か間違ったことをしたか、もう愛されていないのだと考え、彼を失うと思ってパニックに陥るだろう。相手が浮気をしていると思うかもしれない。

ジェーンはほんとうに疲れてその気になれなかっただけなのだが、エヴァンは彼女がもう自分を愛してはいないという考えに取りつかれた。彼は独占欲をつのらせて嫉妬しはじめたようだった。生物学的現実が間男を探すように仕向けたのだ。自分とのセックスに応じないなら、彼女はだれかべつの男としているに違いない。要するに、もし彼だったらそうしているはずだからだ。

こうした状況を理解したジェーンはエヴァンに、女性にとってコミュニケーションが重要なのと同じように、男性にとってはセックスが重要なのね、と言った。そして彼が「そうとも。もっと男性型コミュニケーションをしようよ」と言うのを聞いて、笑った。

エヴァンは、ジェーンにはもっと気分を盛りあげる時間が必要なのだと理解し、ジェーンはエヴァンには愛されているという確信が必要なのだと理解した。そこで二人は「男性型コミュニケーション」を増やした。ひとつの理解が次の行動につながり、やがてジェーンは妊娠した。彼女の現実は再び変化し、セックスは——エヴァンには気の毒だが——またもや、やるべきことリストのなかの順位が下がってしまった。

ママの脳が登場した。

第5章　ママの脳

「母親になると、ひとが変わるわよ」とわたしの母は警告した。母の言ったとおりだった。妊娠してから長年がたつが、わたしはいまだに二人分生きて、呼吸している——こんなことがありうるとは思わなかったほど強い愛着心で、身体と魂が子どもに糊づけされている。子どもが生まれてから、わたしは違う女性になった。そして医師として、そのわけをよく理解している。母性がわたしを変えたのは、文字どおり女性の脳が——構造的、機能的に、そして多くの面で不可逆的に——変化するからだ。

これが種の生存を確保する自然のやり方なのだ、と言ってもいい。そうでなければ、どうしてわたしのような——それまで子どもにはまったく興味がなかった——者が、難産のあと麻酔のもやが晴れたとき、自分は母になるように生まれついたのだなどと感じるだろう？

神経学的には、これは事実なのである。基本的な母性行動への引き金が遺伝子コードに深く埋めこまれていて、妊娠によるホルモン変化によって準備され、出産で活性化されて、わが子との親密な身体的接触によって強化される。

映画『ＳＦ／ボディ・スナッチャー』――ボディというより脳（ブレーン）スナッチャーというほうが正確だが――のように、母親は自分が宿した愛すべき小さなエイリアンによって内部から変えられる。これはヒツジでもハムスターでもサルでもヒヒでも共通だ。たとえばメスの若いシリアン・ハムスターは、出産するまでは、か弱い子を無視し、ときには食ってしまったりする。だがいったん子を産むと、もぞもぞ動く子をかき集め、食べさせ、あたため、毛づくろいをし、舐めてやる。すべて子の身体がきちんと機能してその生存を確実にさせるためだ。

人間の行動は生物学的にこれほど確定しているわけではない。女性の生まれつきの脳の仕組みは、ほかの哺乳類と同じで基本的な合図に――子宮内の胎児の成長、出産、授乳、子どもとのふれあい、子どもの匂い、そしてひんぱんなスキンシップに――反応する。父親や養親、妊娠したことがない女性でさえも、毎日赤ん坊と密に接触していると母性的に反応するようになる。

子どもからのこうした肉体的な合図は脳に新しい神経化学的経路をつくりあげ、オキシトシンの激増による化学的刷りこみとあいまって母性の脳回路が創出され、強化される。この変化の結果、非常に意欲的で注意深く、強引なほどに保護的な脳ができあがり、おかげで新たに母親になった女性の人生観もプライオリティーも変化する。彼女はそれまでの人生で経験しなかったような人間関係をこの相手と結ぶ。そこには生と死がかかっている。

現代社会では、女性は子どもを産むだけではなく、家の外で働き、家族を経済的に支える責任を担っているから、脳の変化は母親の人生にきわめて根源的な葛藤をつくりだす。

三四歳の投資銀行家ニコルは高校時代から猛勉強した。ハーバード大学に入学して、高いキャリアを身につけ、経済的安定と自立を確保するためだ。学士号のほかにミセスの地位を得ようなどとは思ったこともなかった。大学卒業後、広く世界を旅した彼女は、しばらくはサンフランシスコのファイナンシャル・ディストリクトで働き、その後、カリフォルニア大学バークレー校のビジネススクールに入学。そこで四年間を過ごし、グローバル経済におけるキャリアを目指してビジネス経営と国際関係の二つの修士号を取得する。二八歳でバークレーを卒業し、ニューヨークに移って、投資銀行に就職した。

あることに没頭すればするほど、脳はその仕事に多くの細胞を振りあてる。ニコルの回路は完全に仕事とキャリアに焦点を合わせるようになっていた。投資銀行に就職して二年、厳しいが見返りも多い週八〇時間労働をこなした。業績を上げたかった。彼女の心も身体も魂も、キャリアに結びつけられていた。

しかし、まもなく彼女は向かいのオフィスで働く南部出身の魅力的な弁護士チャーリーと出会って恋に落ちる。彼女の脳はチャーリーへの愛着とキャリアの二つに細胞を割りあてはじめた。こうしてニコルは三〇代の初めを、結婚につながる人間関係と厳しい仕事とのバランスをとることを学んで過ごした。まもなく彼女の人生には第三の小さな人物が登場し、脳細胞はまた分割を迫られることになる。

◆脳のなかの赤ん坊

生物学的事実は、わたしたちの最善の意図に関係なく回路をハイジャックすることがある。多くの女性は実際に子どもを身ごもるよりもずっと前に、最初の「ママの脳」症候群を経験する。「赤ちゃん欲」――子どもを持ちたいという深い飢えのような思い――は、よその生まれたばかりのぷよぷよした赤ちゃんを抱いてまもなく芽生えるかもしれない。それまでは子どもにほとんど関心のなかった女性が、ふいに赤ん坊のやわらかな甘い感触と匂いに恋いこがれるようになる。生物学的時計の針が進んでいくせいかもしれないし、仲間が産んだから「わたしも」と思うのかもしれないが、ほんとうの理由は脳が変化して、新しい現実が組みこまれたことにある。

赤ん坊の頭の甘い匂いにはフェロモンが含まれていて、それが女性の脳を刺激し、オキシトシンという愛の妙薬を産生させる――赤ちゃん欲を引き起こす化学的な反応が起こるのである。生後三カ月の姪のジェシカを初めて抱いて以来、わたしは子どもが欲しいという思いに長いこと取りつかれた。ある意味では幼い姪から——文字どおり、また生理学的に——伝染病をもらったようなものだった。自然はわたしたちを闇討ちして、赤ん坊が欲しいという欲求に火をつける。

ママの脳への変化は受胎ではじまる。そうなると最もキャリア志向が強い女性の脳の回路でも、ものの考え方、感じ方、重要性が変化する。妊娠期間を通して、女性の脳は胎児と胎盤がつくりだす神経伝達物質漬けになる。ニコルはまもなくこのホルモンの影響をじかに体験することになる。それがはじまったのは、ニコルとチャーリーがニューヨークのアップステートで愛の週末を過ごして戻ったばかりのときだ。ニコルの脳をＭＲＩで見ることができたとしたら、精子が卵子に進入すると女性の脳に何が起こるかがわかっただろう。受精後二週間以内に、卵子は子宮内膜にしっかりと着床し、ニコルの血液供給に攻撃をかける。ニコルの血液供給と胎児のそれとが結合すると、ニコルの身体と脳の両方でホルモンの変化が起こりはじめる。

ニコルの血液と脳のプロゲステロン・レベルが上昇する。まもなく彼女は胸がやわらかくなり、脳に麻酔がかかったのを感じる。脳の回路は落ち着いて、眠たいような気分になり、いつもよりよく休みよく食べなくてはいられなくなる。ホルモンの上昇によって脳の渇きと空腹の中枢のスイッチが入ってフル稼働しはじめる。いまや通常の血液量の二倍の血液をつくりださなくてはならないのだ。ペットボトルが手放せなくなり、蛇口やトイレのそばにいたいと思う。同時に（とくに食べ物で）ある種の匂いにたいする脳の反応に変化が起こるので、とりわけ朝は食事にかんする脳の信号が混乱する。妊娠初期の三カ月ほど、なぜか食べたくなくなるものは脆弱な胎児を傷つけるのかもしれない。そこで脳は匂いに過剰に敏感になり、そのため彼女はしじゅう吐き気を感じる。それどころか毎朝嘔吐する――少なくとも嘔吐したくなる――かもしれないが、すべては嗅覚にかんする脳の回路が妊娠ホルモンによって大きく変化したためなのだ。

ニコルは妊娠初期の何カ月かの毎日をやっとの思いで過ごす。職場では座ってホッチキスを眺めながら嘔吐をこらえるのがせいいっぱいだ。しかし四カ月目に大きな変化が訪れる。脳が大々的なホルモンの変化に慣れ、彼女は正常に、それどころかもりもりと食べられるようになる。脳は意識的無意識的に子宮で起こっていることに焦点を定めている。五カ月になるころ、おなかがちょっと張るように感じる。最初は食べすぎたせいかな、と思うかもしれない。だが脳のほうはこれを赤ん坊の動きとして記録する。ママの脳はホルモンの面では何カ月も前から準備が進んでいたが、ニコルはここで初めて、おなかのなかで赤ん坊が育っていることを意識する。妊娠してもう半年近くになり、脳は嗅覚、渇き、空腹の回路を変化、拡大させるとともに、いつもは月経周期のサイクルの引き金を引く、視床下部の脈打つ細胞にブレーキをかけている。いよいよ愛の回路が育つ準備が整った。

おなかを蹴られるたびに、彼女は自分の赤ん坊を知り、彼または彼女を腕に抱いたらどんな気がするかしらとうっとりする。まだはっきりイメージできないが、しかし飢えのような憧れは存在する。チャーリーが――ニコルのおなかを蹴る子どもの動きを感じ、耳をつけて鼓動を聞いて――初めて自分の子どもに関心を抱くのもこのころだ。赤ん坊はとんとんとんと彼に合図を返すかもしれない。ふつう父親たちは息子を、母親たちは娘を思い描く。

わたしのときも食べ物の好みが変わり、油っぽいものの匂いを嗅いだだけで吐きたくなったのを覚えている。このような変化はすべて、あなたのシステムに何者かが侵入していることを知らせる脳の信号なのだ。妊娠二カ月から四カ月でプロゲステロンは通常レベルの一〇倍から一〇〇倍に上昇し、脳はこのホルモンに浸されるが、このホルモンにはベイリウムに似た鎮静効果がある。

妊娠中はプロゲステロンの鎮静効果と、同様に上昇するエストロゲンの働きで、ストレス・ホルモンの影響から守られる。コルチゾールのような「闘争か逃走か」という化学物質は胎児と胎盤で大量につくられるので、母親の身体にも脳にもこれらの物質があふれる。妊娠後期、女性の脳のストレス・ホルモンのレベルは、きわめてストレスの強い運動をしているのと同じくらいに高くなる。しかし不思議なことに、妊娠中はこれらのホルモンはストレスを感じさせない。

妊娠中の女性はストレス・ホルモンによって自分の安全や栄養や環境に敏感になり、会議の招集をかけるとかスケジュールを調整するというような他の種類の仕事にはあまり注意が向かなくなる。ニコルが、とくに妊娠中の最後の月に気が散りやすく、忘れっぽく、うわの空でいることが多くなったのはこのためだ。

これほどたくさんの変化が一度に脳に起こったのは、思春期以来初めてのことである。もちろん心理状態や人生のできごとなどにより、女性の反応はそれぞれだが、妊娠中に起こる変化の基盤には以上のような生物学的な事実がある。

同時に、女性の脳のサイズと構造も変化する。妊娠六カ月から出産まで、ｆＭＲＩで脳の画像を調べてみると、脳が実際に縮んでいるのがわかる。これは脳のある部分が大きくなり、ある部分が小さくなるためだろう——この状態は産後六カ月ほどで徐々にもとに戻る。

動物を対象とした研究では、妊娠中には思考をつかさどる部分の皮質が大きくなっていることがわかり、メスの脳の複雑さと柔軟さが明らかになった。どうして脳のサイズが変化するのか、研究者たちにもまだわかっていないが、大々的な脳の再構築と代謝の変化が進行していることを示すと考えられており、脳細胞が減少するわけではない。

一部の研究者たちは、母親の脳が縮むのは、脳の回路の再構築には——片側一車線の道路をスーパーハイウエーにつくりなおす準備には——細胞の代謝の変化が必要だからではないかと見ている。そこで体重が増加していく一方で、じつは脳の重量は減っている。出産直前の二週間から一週間には、母性の回路のネットワークをつくりあげた脳は再び大きくなる。

◆ママの脳の誕生

予定日が近づくと、ニコルの脳は子どものことでほとんどいっぱいになり、どうやって苦痛や肉体的努力に耐えて、無事に健康な赤ん坊を産めばいいかという想像ばかりするようになる。ママの脳の回路が全開になるのだ。浜辺に打ちあげられたクジラの気分で、よたよたとしか歩けないのにエネルギーはみなぎっている。

チャーリーも熱くなってきたが、頭にあるのは肉体的なできごととしての出産プロセスではなく、赤ん坊のためのスペースとか、部屋のペンキぬり、必要な品物はそろっているかの確認などということだ。じつはもう数カ月前に準備は整えてある。それでも、ふいに必要なものをさらに六つも思いつく。一大イベントに向かって急速にパパの脳の回路が形成されていく。いよいよ出産に向けてのカウントダウンだ。

ニコルは予定日を知らされているが、それも前後二週間くらいはずれこむ可能性があると言われている。赤ん坊はみんなそれぞれのペースで生まれる準備をするからだ。ニコルとチャーリーは今回初めて子どもの生来の発達スケジュールに振りまわされるわけだが、そんなことはこれが最後ではないし、しかも親の思惑と一致することはほとんどない。

ついに、その日がやってくる。ニコルは破水し、羊水が両足のあいだからあふれだす。赤ちゃんは頭を下にして準備完了。ママの脳は出産と同時にスイッチが入って、オキシトシンの瀑布に包まれる。いつ生まれてもいいように十分に発育した胎児から発せられる合図によって、妊娠中の女性のプロゲステロン・レベルはいきなり急降下し、脳にも身体にもオキシトシンの波が打ち寄せて、子宮が収縮しはじめる。

赤ん坊の頭が産道を下がるにつれて、脳ではさらにオキシトシンが爆発的に増加し、新たな受容体が活性化して、何千もの新しい神経細胞のつながりをつくりだす。産後はオキシトシンとドーパミンの働きで恍惚とし、しかも聴覚、触覚、視覚、嗅覚はきわめて鋭敏に研ぎすまされているだろう。さっきまで打ちあげられたクジラさながらにどたっと座っていたのに、次の瞬間には子宮が咽喉元までぐいぐい浮上してきたようで、骨盤ではスイカを鼻の穴に通すのと同じくらいに信じがたいことが起こっている。わたしたちの多くにとってはあまりに長すぎる時間ののち、苦しみは終わり、人生も脳も永久的な変化をとげる。

哺乳類の世界では、出産でこのような脳の変化が起こることは珍しくない。たとえばヒツジだ。子ヒツジが母ヒツジの産道を通るとき、オキシトシンの波が打ち寄せて、メスヒツジの脳の回路を数分間のうちに組みかえ、子の匂いにこのうえなく敏感になる。産後五分以内に、母ヒツジは産んだ子の匂いを刷りこむ。そのあとは自分の子だけを育て、違う匂いがするほかの子は拒絶する。この最初の五分間に子の匂いの刷りこみができないと、自分の子だと見分けられなくなり、わが子も拒絶してしまう。出産によってメスヒツジの脳に急激な神経学的変化が起こることは、解剖学的にも神経化学的にも、また行動からも確かめられる。

人間の母親の場合も、産後数日間に新生児の頭や肌やうんちや吐いたおっぱいなどの愛しい匂いに包まれて、脳に化学的な刷りこみが行われる――そして約九割の確率で自分の子どもの匂いがわかるようになる。泣き声や動きについても同様だ。赤ん坊の肌にふれ、小さな指やつま先を見つめ、短い叫び声やあえぎを聞く――そのすべてが脳に刻みこまれる。何時間か何日かたつと、もう何がなんでもこの子を守ろうという気になる。

母親の攻撃性が発動する。この小さな存在を守り育てようという決意と意欲が脳の回路を完全に支配する。赤ん坊を守るためなら、走ってくるトラックを身体で止めることだってできると感じる。脳が変化し、それとともに現実も変化する。たぶん女性の一生のなかで最大の変化だろう。


エリーがわたしのもとを訪れたのは、二年前に自営のセールスマンと幸せな結婚をし、三九歳で初めて子どもを産んだ時期だった。結婚後一年目に流産を経験したが、半年もしないうちに再度妊娠した。そして娘が生まれてまもなく、夫の経済力と健康保険の不備が気になって、本人によれば「不安でいてもたってもいられなく」なったという。実際には夫婦の経済状態はぜんぜん変化がなかったし、それまでは少しも心配していなかった。ところが急に、自分と赤ん坊のためにもっと安定した家庭を築いてくれない夫に腹が立ってたまらなくなった。彼女のニーズと現実が事実上、一夜にして激変し、母親の脳の保護本能の矛先が夫の経済力に集中的に向けられたのだ。

攻撃的なまでの保護本能が全開になると、母親たちはホームグラウンドのあらゆる面、とくに赤ん坊の安全に過敏になり、コンセントに安全カバーを取りつけたり、食器棚に留め金をつけたり、だれでも赤ん坊にふれる前には徹底的に手を洗わせたりする。母親の脳の視覚や音や動きにたいする感知力は研ぎすまされ、人間GPSのように子どもを追尾し、監視しはじめる。この徹底した見張り行動は、母親が何を自分の「巣」の安全と安定にたいする脅威と見るかで、さまざまなかたちをとる。養い手としての夫の役割の再評価でさえ、決して珍しくはない。

母親の脳の回路は、ほかの面でも変化する。母親は出産体験のない女性に比べて空間記憶に優れ、より柔軟で適応力があり、勇敢であるらしい。これらはみな赤ん坊を追尾し守るために必要な能力と才能だ。

たとえば一度でも子を産んだことのあるメスのラットは、脳の不安中枢の活動が低下し、記憶力が向上するため、迷路テストの成績がよくなり、獲物を捕らえる能力は五倍も高くなる。研究者によればこの変化は生涯続くのだが、人間の母親たちも同様かもしれない。養母であってもこの変化は訪れる。子どもと継続的な肉体的接触があれば、脳はオキシトシンを放出し、ママの脳に必要な回路をつくりあげる。

◆パパの脳で起こること

未来のパパも、ほぼ妊娠中の配偶者と同様のホルモンと脳の変化を経験する。わたしのクリニックにきているジョーンの奇妙な体験の理由もここにありそうだ。ジョーンと夫のジェイソンは、妊娠反応が陽性になったときは嬉しくて飛びあがった。妊娠三週間ほどで激しいつわりがはじまったが、三カ月目に入るとだんだん軽くなってきた――ところが驚いたことに今度はジェイソンが毎朝吐き気をもよおし、朝食がとれず、起きあがるのがやっとという状態になった。三週間で二キロ以上もやせた彼は、寄生虫でもいるのではないかと心配した。じつはこれはクーヴァード症候群というもので、未来のパパにはそう珍しいものではなく（世界で最大六五パーセント）、これにかかると父親たちは妊娠徴候のいくつかを配偶者と共有する。

研究者たちは、出産前の何週間かに父親のプロラクチン（育児と母乳分泌のホルモン）のレベルが二〇パーセント上昇することを発見した。同時にストレス・ホルモンであるコルチゾールも倍増し、注意力が上がって敏感になる。それから出産後の何週間かで、男性のテストステロンは三分の一も低下し、エストロゲン・レベルが通常より上がる。このようなホルモン変化は、無力な子どもとの感情的な絆をつくるための準備だ。

実際にテストステロン・レベルが低い男性は、赤ん坊の泣き声をよく聞きとる。ただし母親ほどではなく、たとえば赤ん坊がむずかっているときには母親ほど機敏に反応しないが、赤ん坊の悲鳴にたいしては同じくらいすばやく反応する。この時期、男性のテストステロン・レベルの低下によって、性的衝動も減少する。

テストステロンは、男性の場合と同じく女性でも母性的行動を抑制する。クーヴァード症候群の父親はプロラクチン・レベルが高く、子どもと交流しているときのテストステロンの低下が激しい。研究者は、妊娠中の女性が産生するフェロモンが配偶者に神経化学的変化を引き起こし、子煩悩な父親をつくりあげて——匂いを通じて密かに——母親の脳がもつ、とくべつな育児メカニズムの一部を装備させるのではないか、と考えている。

◆赤ん坊が快楽回路をハイジャック

ヒツジと違って人間の女性は五分では新生児との絆をつくりあげられないが、しかし人間の場合、可能性はそう早くは閉じない。これはわたしのように麻酔や帝王切開、早産など、理想的とはいえない出産を経験した者にはありがたいことだ。息子が——三六時間の陣痛、硬膜外麻酔、モルヒネのあと——生まれたとき、わたしは薄ぼんやりしていて、どんな坊やだろうと軽い好奇心を感じただけだった。わが子が生まれたら感じると予想していた感傷的であたたかな母性愛には浸れなかったのだ。ひとつには麻酔とモルヒネがオキシトシンの働きを阻害していたためでもある。麻酔からさめて初めて、わたしはしゃんとして保護本能に目覚めた。まもなく母親としてのプログラムと感性が全面的に活動しだして、わたしは息子にどうしようもないほど恋してしまった。

実際、多くの母親は赤ん坊にたいする気持ちを表現するのに「恋する」という言葉を使う。そして当然かもしれないが、脳の画像で調べてみると母性愛は恋愛によく似ている。研究者は子どもを産んだばかりの母親に脳をモニタリングする装置を取りつけ、まず子どもの、それから恋愛相手のパートナーの写真を見せた。するとどちらの写真でも同じように、オキシトシンによって活性化する領域が明るくなった。

いまになってみると、どうしてわたしがわが子にあれほどの情熱を感じ、夫がときには嫉妬したのか、よくわかる。どちらの愛の場合も脳でドーパミンとオキシトシンが高まって絆をつくりあげ、批判的な思考と否定的な感情が働かなくなり、高揚感と愛着を生みだす快楽回路のスイッチが入る。ロンドンのユニバーシティー・カレッジの研究者たちは、通常は他人にたいする否定的批判的判断を可能にする脳の部分――たとえば前帯状皮質――が、愛する者を見ているときには働かないことを発見した。オキシトシン回路の優しい慈しみの反応は、快感と報酬の物質ドーパミンの急増で生じる快感によってさらに強化される。これは親密なコミュニケーションとオーガズムで発火するのと同じ女性の脳の報酬回路である。

わが子への手のつけられないほどの恋心は、わたしにとってはまもなく常態となり、日々強化されていった。だからといって、新生児の世話という――一日じゅうシャワーを浴びる間もないほど忙しく、しかも前夜はまったく寝ていないというような――試練や苦難がなかったわけではない（母親は産後一年間に平均して七〇〇時間、睡眠時間が減少する）。親友のジャネットも子どもを産んだばかりで、彼女はこう言っていた。

「一人子どもが生まれると生活が変わり、二人になると生活なんてなくなるというのは、ほんとうね」

幸い、ほとんどの場合、母としての喜びのボタンが何度も繰り返し押されて、赤ん坊と一緒にいる時間が長くなればなるほど絆も強くなる。

授乳も絆を強くする効果がある。赤ん坊を母乳で育てている女性たちにはおまけの利益もある。ママの脳のなかでも最大の快感を定期的に刺激されるのだ。ある研究では、押せばコカインが出てくるバーと、子に乳首を吸われるバーを用意して、母ラットに選ばせた。母ラットたちはどちらを好んだと思われるだろう？　脳にあふれるオキシトシンのほうが完全にコカインに勝ったのだ。これを見ても、授乳がどれほど母性本能を再強化しつづけるか想像がつく。わたしたちの種としての生存のためにも、授乳は快感でなければならないだろう。

赤ん坊が小さな手で母親の胸にすがりつき乳首を吸うとき、母親の脳ではオキシトシン、ドーパミン、プロラクチンが爆発的に増加する。母乳があふれでる。最初は血がにじんでひりひりと痛む乳首を吸われれば、もう一日だって授乳という拷問に耐えられないと思うかもしれない。だが数週間もすれば、泣き叫ぶ赤ん坊を授乳によって黙らせ、自分自身をなだめることができる。そして三、四週間のうちにはすっかり楽しくなる。それも痛みが止まるからだけではない。授乳の時間が待ちどおしくなる（睡眠不足が激しくて、一日中、夢中歩行者のように暮らしているのでない限り）。そして最初の数カ月のうちのいずれかの時点で、授乳が簡単なばかりか、自分が心からエンジョイしていると気づくだろう。血圧が下がり、緊張がなくなって気持ちが安らぎ、オキシトシンが引き起こす母性愛でいっぱいになる。

新たに母親になった女性の母性愛と授乳は、パートナーへの肉体的欲求を妨げたり、それに取ってかわったりすることが多い。リザは二人目の子どもを出産した一年後にわたしのもとへやってきた。彼女は淡々とこう語った。

「セックスはもうわたしがしたいことのリストの一〇番目にも入っていないんです。それよりも少しでも眠りたいし、片づかない仕事の百万分の一でも片づけたい。でもセックスがわたしのプライオリティーではないことに、夫は非常に苛立って腹を立てています」

リザに、暮らしのほかの面はどんなふうですかと尋ねると、彼女は幼い子どもたちとの密な暮らしやスキンシップをどんなにすばらしいと感じるかを説明した。それから目を潤ませながら、子どもたちをどれほど愛し、「恋しく」思っているかを話してくれた。一歳の子どもにはまだ一日に二、三回授乳しているが、だれかにこれほど無私で完璧な連帯感を感じるなんて想像したこともなかった、という。「わたしは夫を愛しています」とリザは断言した。

「でも、いまは彼の性的な欲求を満たすより重要なことがたくさんあるんです。ほうっておいてくれたらいいのに、とよく思います」

リザの経験は決して珍しいものではないし、母親の脳に組みこまれた反応に起因している。リザも――赤ん坊とスキンシップし、授乳しているすべての女性と同じく――脳がオキシトシンとドーパミンに浸されているので、愛され、絆で結ばれ、肉体的、感情的に満たされていると感じている。彼女がもう性的接触を必要としないのは不思議ではない。以前、性的交わりから得ていたポジティブな感情は、いまでは幼い子どもたちの基本的な肉体的ニーズに応じることで、日に数回も感じることができるのだから。

◆授乳とぼんやり脳

しかし、どんな利益にも代償はつきもので、授乳には精神的な集中力の鈍化というマイナスがともなう。出産直後に頭がぼんやりすることはごくふつうだが、授乳によってこのとろりとして穏やかな焦点の定まらない状態がひどくなり、長期化することがある。

三二歳のキャシーは、自分の記憶力に不安を感じてクリニックにやってきた。心ここにあらずの状態がひどくなり、七歳の息子を学校に迎えにいくことまで「忘れ」たりするという。彼女は生後八カ月の娘にまだ授乳をしていたが、最近だんだん「ぼけて」きたことに気づいたのだ。

「いちばん怖いのは、部屋に何かを取りにいっても何を探しにきたのか覚えていないことで――しかも一日に二〇回もそんなことを繰り返しています」

キャシーの不安がとくに強かったのは、母親がアルツハイマー病だったからで、自分にもその症状が出たのではないかと恐れたからだ。だが話しているうちに、キャシーは第一子の出産後にも忘れっぽくなったが、子どもが乳離れしてまもなくそんな困った状態から抜けだしたことを思い出した。

的をしぼって集中する働きをする脳の部分は、出産後、半年くらいは子どもを見守り保護することに占領されてしまう。だいたい新米の母親は睡眠不足だし、そのうえ女性の脳がもとの大きさに戻るには産後半年かかることを思いだしていただきたい。それまではキャシーのように頭に霧がかかっているようだと不安になるかもしれない。

わたしの知る優秀な女性研究者は、出産後一〇日ほどして、知的な会話を続けるのに必要な基本的な語彙やフレーズすら出てこないことに愕然とした。しかし数カ月後に授乳を中止すると、以前と同じ鋭さを取り戻した。

多くの女性にとっては、ちょっとぼんやりすることくらいは授乳の代償としては小さなものだろう。それに赤ん坊も報酬を共有している。事実、授乳という神経学的な活動にとって、赤ん坊はなくてはならないパートナーだ。授乳とスキンシップによって放出されるホルモンは、母親の脳に新しい神経細胞のつながりをつくりだす。赤ん坊が長くひんぱんに乳首を吸えば吸うほど、母親の脳でプロラクチン──オキシトシンが引き金となる反応がたびたび起こる。まもなく母親はわが子を見たり、声を聞いたり、ふれたり、それどころか授乳しようと考えただけで、乳首がうずいて母乳がもれだすのを感じるだろう。オキシトシンは母親の胸の血管を広げて乳を飲む子をあたためるし、子どもも母乳に含まれる快感物質を受けとる。飲んだ母乳で赤ん坊の胃が広がると、赤ん坊の脳でもオキシトシンが放出される。それが赤ん坊の気持ちをなだめて安らかな気持ちにさせる──ただ空腹が満たされるだけでなく、ホルモンによるリラックス効果が生じるのだ。

母親は物理的にわが子と引き離されると「離脱」症状が現れて、恐怖や不安を感じ、それどころかパニックを起こしたりする。これは心理学的状態である以上に神経化学的な状態であることがわかってきた。

わたしは子どもが生後五カ月のときに搾乳器持参で職場復帰した。ママの脳は微妙に調整されたメカニズムなので、とくに授乳中の子どもとの分離は母親の気分を動転させる可能性がある。たぶん、ストレスを抑制する脳のオキシトシン・レベルが低下するためだろう。そのころわたしはほとんどぼろぼろの状態で過ごしたが、病院でフルタイムの仕事をしつつ家事もこなすというストレスのためだと考えていた。

母乳育児の母親は、断乳のときにも離脱症状を経験する。たいていは断乳とストレスの多い職場への復帰が重なるので、母親は不安で落ち着かない状態になるかもしれない。母乳育児の母親が職場で八時間過ごしたらどんな気持ちになるか、想像がつくだろうか？　家庭にいたときには、数時間ごとの授乳のたびにオキシトシンが脳にあふれていた。ところが職場では、血液と脳のオキシトシンは一時間から三時間しかもたないので、それまでふつうだった供給が停止される。わたしは毎日三時ごろになると、赤ん坊のいる家に帰りたくてたまらなくなったのを覚えている。多くの母親はできるだけ長期間、職場で母乳を搾りつづけると症状が緩和されることに気づく。だんだん母乳を減らしながらも、夜間や週末には授乳して母乳の出を保つのだ。そうすると快感物質のオキシトシンとドーパミンが得られるし、赤ん坊とつながっていられる。

◆よいママの脳は連鎖する

優しくて、子育て熱心な母親の話もあれば、その裏返しもよくある話だ。わたしの仕事柄、母親についての不満を聞かされることがそう珍しくない。三二歳のヴェロニカは、妊娠してすぐにわたしのところへやってきた。話を聞いてみると、母親への激しい怒りは、子どものころに体験した忙しい母親の冷たい育児姿勢と直接に結びついているらしかった。母親はヴェロニカをベビーシッターに任せて一度に一週間も出張で家を空けることがあり、ヴェロニカが動転しているときに優しく手を差しのべるどころか、感情的に締めだすタイプだったようだ。また、仕事が忙しいからべつの部屋で遊んでなさい、とよく言われたという。

初めての子どもを身ごもったヴェロニカは、雑誌のアートディレクターというプレッシャーの大きな仕事をしているので、自分も母親と同じになるのではないかと不安にかられた。二世代にわたって子どもと一緒に過ごす時間がとれない、働く母親だ。ヴェロニカの不安は無理もないのか？　そうかもしれない。

研究者は、どんな理由であれ——子だくさん、経済的プレッシャー、育児時間が十分にとれない仕事など——母親が適切な育児ができなかったり、赤ん坊とのつながりが薄いと、子どもの信頼と安心の回路に否定的な影響が及ぶ場合があることを発見した。

しかも、女性が母親から「受け継いだ」育児行動は、よかれ悪しかれ娘から孫娘へと伝えられる。行動は遺伝しないが、最近の研究によれば、ママの育児能力は科学者が言うところの「非ゲノム的」、あるいは「後成的」な方法で——つまり遺伝子以外の物質的変化によって——受け継がれるという。

カナダの心理学者マイケル・ミーニーは、育児熱心な母親から生まれたメスのラットが育児に不熱心な母親に育てられると、遺伝的な母親ではなく育ての母親と似た行動をとることを発見している。実際に子のラットの脳はどれだけの慈しみを受けたかで変化する。メスの子の脳でいちばん変化したのは、エストロゲンとオキシトシンを使う扁桃のような回路だった。これらの変化は、このメスが次世代の子を育てる能力に直接、影響する。ママの脳は模倣ではなく、構造を通じてつくりあげられるのだ。育児に不熱心な母親の行動は、思春期以前の環境でよい変化が起こらない限り、三世代にわたって受け継がれていく可能性がある。

この性質の一部でも人間にあてはまるとすれば、その意味は非常に大きい。母親が娘をどう育てたかが、娘が孫をどう育てるかを決定することになるからだ。わたしたちの多くは「自分の母親のようになる」と言われるとぎょっとするが、すでに研究者は人間でも母子の絆のレベルと次世代の母子の絆の強さや気づかいの質に相関関係があることに気づいている。さらに仕事と家事を両立させようとすることから生じる強いストレスは、母親が子どもに与えうる世話や気づかいの——量はもちろん——質を低下させるのではないかと見ている。当然ながら、この行動は子どもだけではなく孫にも影響するだろう。

研究者はまた——だれでもいいから、愛情があって信頼されるおとなによる——質の高い育児は、頭がよくて健康で、ストレス処理能力が高い子どもを育てることを明らかにしている。このような資質は生涯を通じて保持されるし、さらにその子どもたちの人生にも引き継がれる。

対照的に、十分な育児がなされなかった子どもはストレスを感じやすく、反応が過敏で、注意力が散漫で、病弱で、不安感の強いおとなになる。育児能力の高い母親と低い母親が脳に及ぼす影響を比較した研究はそう多くはないが、ある研究によれば、子どものときに母親から十分な世話を受けなかった大学生は、PETで調べたストレスにたいする脳の反応が過度に激しいことがわかった。彼らは行き届いた子ども時代を過ごした同世代の若者に比べて、血液中に放出されるコルチゾール(ストレス・ホルモン)が多かったという。母親の世話が行き届かなかった大学生は心配性で、脳はぴりぴりと緊張していて不安が強かった。ヴェロニカが職場や人間関係にストレスを感じやすく、母親になることを考えてパニックを起こしたのもそのせいかもしれない。

わたしはよく来院者たちから祖母との鮮烈な思い出話を――押しつぶされそうな、忙しすぎる、あるいは抑うつ状態の母親のかわりに、彼女たちを支えてくれた話を――聞く。ヴェロニカの母方の祖母は母親と同様に感情的に遠い存在だったが、父方の祖母は彼女に「自分はとくべつな存在」だと思わせてくれたという。その祖母がディナー・パーティーの準備の手を止めて、一緒にぬり絵をしたり、お人形で遊んでくれた話をしているうちに、ヴェロニカは泣きだした。おばあちゃんは、あったかいシロップをかけたブルーベリー・パンケーキをつくってくれて、ヴェロニカがベッドを整え、部屋を掃除するのを手伝ってくれた。パーティーに着ていく服が必要なときには、買い物に連れていってくれたし、母親なら反対しそうな、それでもヴェロニカが気に入った服を買わせてくれたこともたびたびあったという。

このような母親がわりのひとのとくべつな配慮は、それが十分に与えられさえすれば、ストレス過剰な母親の育児の不十分さを補う可能性がある。それで育児の不備のサイクルが断ち切られれば、娘はわが子にたいしてもっと関心を注ぐ母親になれるだろう。ヴェロニカの父方の祖母は世代間の変化を引き起こす基軸だったかもしれない。何年かしてヴェロニカは幼い娘を見せにやってきたが、彼女が娘とのあいだに愛情深い絆をつくりあげており、母親の否定的な手本ではなく慈愛深く信頼できる祖母の手本を子どもに継がせようとしていることがよくわかった。

◆子育てと仕事のバランス

バークレーでMBAを取得しママになったニコルも、わたしのところへきたとき、同じく悩みを抱えていた。彼女は赤ん坊にたいする愛着が強くて、職場に復帰することを考えただけでメルトダウンを起こしたのだ。彼女は待遇のよい、申し分ない職に就いていて、給料も高かったし、昇進のチャンスも多かったし、夫婦は贅沢に暮らしていたから、二人分の所得が必要だった。どうしても職場復帰しなければならないのに、息子を他人の手にゆだねることなど想像もできず、しかし残念ながらそうするほかはなかった。

程度の差はあれ、ほとんどの母親は子育ての喜びや責任やプレッシャーと、自分たち自身の経済的必要性あるいは感情的リソースとのあいだで引き裂かれるように感じる。わたしたちはこの葛藤に女性の脳が反応してストレスが高まり、不安が増大し、仕事と子どもに向ける脳の力が減退することを知っている。この状況では子どもも母親も日々、深い危機にさらされる。ニコルが再度の相談にきたのは息子が三歳になったばかりのころだった。彼女は「わたしの人生はもうめちゃくちゃです」と言った。息子は食料品店で時間が止まるかと思うほど激しい手のつけられないかんしゃくを起こしたという。ニコルは二時間以内に子どもをなだめ、帰宅して買ったものを片づけ、職場に戻らなければならなかった。夫の留守中に子どもの具合が悪くなれば、どうか朝までに息子の熱が下がって幼稚園に連れていけますように、そして自分はブレックファースト・ミーティングに参加できますように、と深夜に祈った。その冬、ニコルは子どもの病気のためにしょっちゅう欠勤していて、そろそろボスの堪忍袋の緒が切れかかっていたのだ。さらには子どもが半日制の幼稚園に通いはじめ、仕事をしていない同じクラスの母親に、仕事が終わるまで子どもを預かってくれるよう頼まなくてはならない。自分も子どももこれ以上耐えられるかどうかわからず、しかし仕事を辞めるわけにはいかない。

働く母親は呪われているのか？　そうかもしれないし、そうでないかもしれない。じつは、この現代的な問題にたいするひとつの解決策は、わたしたちの祖先である霊長類に見られる。一般に人間を含めた霊長類は母親業への投資についてはかなり現実的だ。

たとえば野生の霊長類はめったにフルタイムの母親にはならない。多くの母ザルは子育てと不可欠の「仕事」である採集や摂食行動、休息のバランスをとっている。さらに必要があれば自分の子以外の子どものめんどうも見る——これは「代理親行動」と呼ばれている。事実、食べ物が豊富な時期には、母親はよその子どもでも簡単に引きとってめんどうを見るし、それがほかの集団や種の子どもであっても変わらない。哺乳類の多くはよその子どもの世話をして育て、親子の絆をつくる能力がある。ルソン島（フィリピン）の狩猟採集民族アグタ・ネグリートの女性たちの狩猟について調べた興味深い研究では、女性親族のネットワークの機能が強調されている。だいたい女性の狩猟は生物学的に現実的でないと見られてきた。狩猟は子どもの世話という仕事と両立しないと思われるからだ。とくに狩猟行動をしていたら、女性は子どもをはらみ、世話をし、育てることができないと考えられていた。しかし女性が狩猟をする文化についての研究は、例外があるからこその原則であることを示している。アグタの女性が積極的に狩りに参加するのは、ほかのひとびとが子育ての責任を引き受けてくれるからだ。女性が狩りをしているときには子連れであるか、子どもをほかの母親や一族の長姉に預けているという。

もともと人間でも母親業は必ずしも一人でしなければならないものではないし、都会の環境で生みの親がしなければならないと限られているわけでもない。子どものほうからすれば、だれであろうと愛してくれて安心感を抱かせてくれる育児者がいればいい。ニコルは職場に交渉してフレキシブルな勤務形態を勝ちとり、息子は隣に住む友だちと半日制の幼稚園に行けるようになり、母親たちが時間を融通しあうことになった。

◆ママの脳にとって理想的な環境

どんな動物であっても、よい母親業に不可欠な環境要因は予測可能性である。これはどれくらい多くのリソースがあるかということではなく、どれくらい定期的にリソースを確保できるか、ということだ。

ある研究では、三つの異なる環境でアカゲザルの母親に子育てをさせた。ひとつは毎日十分な食料が与えられ、もうひとつは毎日食料が与えられるが量が乏しく、三番目はある日には豊富な食料が与えられるがべつの日には乏しい、という設定である。これらの環境で母親がどんなふうに子どもに接するかが、毎時間ビデオに記録された。食料が豊かな最善の環境の子どもは母親に最も細やかに世話をしてもらい、乏しいが毎日安定して食料が与えられる環境でもほぼ同様だった。しかし予測不可能な環境では子育てへの配慮がいちばん少なかっただけでなく、母親による虐待や攻撃すらあった。予測不可能な環境のサルは、ほかの環境に比べて母子ともにストレス・ホルモンのレベルが高く、オキシトシンのレベルが低かった。

人間の母親も予測不可能な環境では怯えて臆病になり、赤ん坊はうつの徴候を示す。子どもは母親にかじりつき、周囲を探検したり仲間と遊んだりすることに関心を示さない――この傾向は思春期からおとなになるまで引きずられる。先の研究は、母親が最善を尽くせるのは予測可能な環境においてであるという常識的な見方を裏づけている。

霊長類学者のサラ・ハーディーによれば、人間は母親がつねにほかの代理親をあてにできるような環境で、協力して子育てするように進化してきたという。したがって家庭の内外で母親が何をし、だれに助けてもらうにしても、予測可能性と――経済的、感情的、社会的――リソースの利用可能性を確保することが、結局は子どもの将来の幸せにつながる。

◆母親業にはサポートが不可欠

わたしは子どもをもつと自立し自活するライフスタイルが成り立たないことを知って、愕然としたことを覚えている。わたしはいつもなんでも自分自身で決めて、ほとんど一人で母親業をこなせると考えていた。これが大間違いだったのだ。

母親の脳は文字どおり拡大して、自己の定義のなかに子どもを取りこむから、子どものニーズは母親にとっても生物学的急務であり、それどころか脳は自分自身のニーズよりも重大視する。わたしはもう、きちんとした予定を立てることができなくなった。夫以外にどれだけの助けが必要かもわからなかった。

新米の母親はだれでも自分の脳に起こる生物学的な変化を理解して、妊娠と母親業のダイナミズムを事前に予測しておく必要がある。この人生の課題は、ほかのどんな刺激よりも脳の回路を成長させる。仕事と愛情あふれる安定した育児が両立する予測可能な環境の確保が不可欠となるだろう。母親の感情的、精神的な発達は、どんな文脈で母親業をするかということにそうとう左右される。自分にはとくべつなサポートが、そして子どもにはよい代理親が必要だと知ることが母親として成功するカギになるだろう。ママの脳に信頼できる安定した環境を与えることができれば、ストレスの強い母親と不安定でストレスの強い子どもという連鎖反応を断ち切れる。

ママの脳に起こる変化は、女性の人生のなかでも最も根源的で永久的なものである。子どもが同じ屋根の下に暮らしている限り、母親の脳の回路にあるＧＰＳシステムは、愛する子どもを追尾しつづけるだろう。そして子どもが巣立ってからも長いあいだ、自動追尾システムは働きつづける。たぶん、だからこそ多くの母親は、脳が自分自身の現実の延長だと告げている者との日々の接触を失うと、激しい悲しみとパニックを経験するのだ。

発達心理学者は、表情を読み、声音を解釈し、感情のニュアンスを感じとることを通じてつながりをつくるという女性の脳のきわめて優れた能力は、石器時代から選択的に進化した資質だと考えている。これらの資質のおかげで、女性の脳は言葉を話せない子どもが発する合図を理解し、ニーズを予測することができる。

女性の脳はこの並はずれた能力をすべての人間関係に応用する。男性の脳と結婚、あるいはパートナーシップを結んでいれば、二つの脳は異なる感情的な現実を生きることになる。それぞれの脳がもつ感情的な現実の違いを男女が理解すれば、両者のパートナーシップはさらに満たされ支えあう人間関係へ、家族へと発展すると期待できる。それこそが、ママの脳が最善を尽くすために必要なことである。

第6章　感情をくみとる

女性は男性よりも感情的で敏感だという文化的ステレオタイプは真実なのだろうか？　あるいは、男性は頭をがつんとやられなければ感情に気づかないというのは、ほんとうか？　わたしの夫は、感情について本書で一章を割く必要はない、と言った。わたしは、それがなくてははじまらないと感じた。この考え方の相違の底には脳の生物学がある。

わたしのクリニックにくるサラは、夫のニックにはどうも女がいそうだと感じていた。彼女は数日間黙ってあれこれ考えた。最初は自分の疑いが当たっているかどうか確信がもてなかった。その後、考えているうちに、裏切られているのかもしれないという怒りも加わり、虫の知らせというか体感的直感はますます強くなった。彼女の顔から微笑みが消えた。まだ赤ん坊の娘もいるのに。どうしてそんなひどいことをするの？　彼女は悶々とうちのなかを歩きまわった。ふさぎこんでいる自分を見ても元気づけようともしない夫が理解できなかった。わたしがこんなに惨めな思いをしているのがわからないの？

サラにとってニックはつねに――才能があって、スマートで――偉大な存在で、彼の妻であることが誇らしかった。その輝かしい夫が自分に目を向けて深い胸のうちを話してくれるときなど、サラは自分が彼のすばらしさを引きだしているように感じてわくわくした。彼の輝きを浴びる瞬間がサラの生きがいだった。

だが感情的な交流という面では、話はそううまくはいかなかった。ニックはどこか気持ちの通じにくいひとだった。そしてある晩、夕食の席でサラが泣きくずれたとき、ニックは仰天した。サラはどうして夫が驚くのか理解できなかった。自分はもう何日も前から冷ややかな顔をしていたではないか。彼女は夫が自分に関心を向けて輝かせてくれた数々の瞬間について、それが――愛されている、大事にされていると思えて――どんなに嬉しかったかを語った。あの思いは間違いだったの――それとも、もうわたしのことが気に入らないの？　どうして、わたしの思いにたいしてそんなに鈍感でいられるわけ？

そのときのようすをＭＲＩで調べたとしよう。ニックと話しているサラの脳と身体は、こんなふうになっている。だれかつきあっているひとがいるの、と聞いたとき、その質問にたいする感情的な反応を探ろうとして、サラの視覚システムはニックの表情をじっと観察している。表情がこわばったか、それともゆるんだか？　口もとがきゅっと締まったか、それともいつものままか？　彼がどんな表情を浮かべても、サラの目と顔面の筋肉は自動的に夫の表情を模倣する。呼吸の速さや深さも夫のそれと一致する。姿勢や筋肉の緊張状態も合致する。

サラの身体と脳は夫の感情的な信号を受けとる。この情報は脳の回路に送られて、感情記憶の貯蔵庫に一致するものがないか調べられる。このプロセスは「ミラーリング」と呼ばれているが、すべてのひとが同じように上手にできるとは限らない。ミラーリングについての研究の大半は霊長類を対象としたものだが、研究者は人間の場合、男性よりも女性の脳のほうがミラー・ニューロンが多いのではないかと考えている。

夫の身体感覚と感情をわがもののように感じとって、サラの脳の回路は刺激される。こうやってサラは夫の感情を——それもたいていは当人が意識するより前に——見分け、予想する。呼吸の合致、姿勢の合致を通じて、サラは感情検知器になる。彼の緊張を身体で感じ、彼の顎のこわばりを自分の顎に感じる。サラの脳は夫と同じ感情を（不安、恐怖、パニックの抑制を）刻みつける。

彼が話しはじめると、内容と声の調子が合っているかどうかをサラは慎重に探る。声音と話の中身が合っていなければ、サラの脳は激しく活動する。分析的思考の座である皮質が不一致の理由を探す。夫の声音のわずかな狂いも聞き逃さない——浮気なんかするものか、愛している、という反論がちょっと大げさすぎはしないか。あんなに目がきょときょとしているなんてあやしい。言葉の内容と声音と目の表情が一致していない。サラにはわかる。夫はウソをついている。そこで、彼女の脳では感情ネットワーク全体が活動しはじめ、同時に認知と感情抑制回路が働いて泣くのを我慢しようとする。しかしダムは決壊する。涙が頬をつたう。ニックはきょとんとしている。彼はサラの感情変化の過程にまるで気づいていない――妻が自制心を失ったことしかわからない。

サラは正しかった。夫婦カウンセリングの一環としてわたしのところへやってきたニックは、同僚の女性と長い時間を過ごしていると告白した。まだ身体の関係にはいたっていないが、すでに浮気の域を超えて、その女性のほうへ気持ちが傾いているという。サラはそのことを文字どおり身体じゅうの細胞で感じていたのだが、ニックのほうはかたちのうえでは裏切っていなかったので、自分は潔白だと思っていた。自分の感情や思いをサラに正しく見抜かれていると気づいたニックは、自分は超能力者と結婚したのかとまた思ったが、サラのほうは女性の脳が得意な――表情を読み、声音を解釈し、感情のニュアンスを評価する――ことをやってのけただけだった。

F－15戦闘機でも操るように、サラの女性脳は高性能の感情マシンとして、刻一刻と他者の内心の非言語的信号を追尾するようにできている。科学者によれば、対照的にニックのほうは多くの男性と同じく――とりわけ絶望や悲嘆の――表情や感情的ニュアンスを読みとるのが不得手だ。男性は涙を見て初めて、何かがまずいと腹の底から感じる。たぶん、だから女性は男性の四倍も簡単に――男性でも無視できない、見間違えようのない悲しみと苦しみの信号として――泣いて見せるのかもしれない。ニックとサラのようなカップルはしょっちゅうカウンセリングを受けにやってくる。女性は――本人がきわめて敏感だから――男性が感情的に無神経だと不満で、男性のほうは自分が愛している事実をわかってもらえないらしいと嘆く。つまりは男性の脳と女性の脳が取り組む現実が違っているのである。

◆体感的直感の秘密

女性は周囲のひとたちのことを知っている――一〇代の子どもの苦しみや、仕事について夫がふと感じる迷い、目標を達成した友人の喜び、それに配偶者の不実などを、体感的直感で感じとる。体感的直感というのは漠然とした感情の状態ではなく、じつは脳のある領域に明確な意味を伝える肉体的な感覚そのものだ。この研ぎすまされた直感の一部には、女性の脳が身体感覚を感知するために使う多くの細胞がかかわっているのかもしれない。

思春期以降、この種の細胞は増加する。エストロゲンの増加は、女の子が体感的直感や肉体的な苦痛を男性よりも強く感じることを意味している。女性のほうが鋭敏な身体感覚をもっているために脳が鼓舞され、身体の痛みと同様に感情的な痛みを探りだして感じとる能力も上昇するのではないか、と考えている研究者もいる。脳の画像を使って調べると、身体感覚を感じとる脳の領域は女性のほうが大きいし敏感だ。つまり女性の身体感覚と直感の関係には生物学的な基盤が存在する。

胸騒ぎや胃がきゅっと縮むというようなことを通じて女性が感情的なデータを受けとると――だれかつきあっているひとがいるのか、と思い切って尋ねたときのサラのように――女性の身体はメッセージを島《とう》と前帯状皮質に送る。島は脳のなかでは古い部分で、最初に身体的感覚を処理する。前帯状皮質は女性のほうが大きく、また容易に活性化するところで、予想や判断、コントロール、否定的な感情の統合という働きにとって重要な部分だ。女性の脈拍が速くなり、胸が苦しくなる――すると脳はこれを激しい感情として解釈する。

他人が何を考え何を感じているかを推察する能力とは、要するに心を読む力である。それに全体として女性の脳は、ほんの小さなヒントから他者の思考や信念や意図を読みとる力に恵まれている。

わたしのクリニックに通うジェーンは、朝食のときに夫のエヴァンが微笑んでいるのに気づいた。

エヴァンは新聞を手にしていたが、視線は宙に浮いてあちこちと動き、妻を見てはいなかった。弁護士の夫のそんな姿を前にも何度か見ていたジェーンは、こう尋ねた。「何を考えているの？　いま法廷でだれを叩きつぶしていたの？」。エヴァンは「何も考えちゃいないよ」と答えた。しかし、じつは無意識にその日に予定されている相手方弁護士とのやりとりをリハーサルし――こちら側の主張が絶対に優勢であり、法廷で相手方をぐうの音も出ないほど叩けると予想していたのだった。

ジェーンの観察力の鋭さに、エヴァンは自分の心を読まれているようだと、ときおり不安になった。ジェーンはエヴァンの目や表情を見て、彼の脳で起こっていることを正確に推理した。のちにエヴァンがなんとなくためらいがちに――話す前にわずかに間があき、口もとが締まり、低く単調な声で――事務所のできごとを話したときに、ジェーンは彼のキャリアに大きな変化がきそうなのだと察知した。それを話にもちだしても、エヴァンはそんなことは何も考えていない、と答えた。それから数日して、エヴァンは事務所を辞めて判事になると言った。ジェーンの観察力は無意識に働いており、一連の流れを直感で感じとっていた。

男性は先天的に、表情を読み、声音から感情のニュアンスを読みとる能力を女性ほどもっていないらしい。この違いはジェーンとエヴァンが初めて出会って数週間のうちに歴然とした。ジェーンはエヴァンがせっかちにことを進めすぎると感じたが、彼のほうはそんな不安にまるで気づいてくれなかった、と彼女は語った。エヴァンの女友だちがジェーンを一目見てその不安を感じとり、もっと時間が必要なのだとエヴァンに忠告した。しかしエヴァンは聞かず、そのために危うく破綻を招きそうになった。

そのとき、エヴァンの女友だちはジェーンと感情的に同調していた。女性は自然にそうなるらしいのだが、これは心理セラピーを成功させるために不可欠だということがわかっている。カリフォルニア州立大学サクラメント校の研究によると、最高の成果を上げた心理セラピストたちは、重要な節目で患者の感情に同調できることが示されたという。このミラーリング行動は、セラピストと相談者の意思疎通がうまくいって、セラピストが相手の世界に抵抗感なく落ち着くと同時に現れる。このような反応を示したのは、たまたますべて女性医師だった。

女の子は男の子よりも何年も早く、だれかの気持ちを傷つけないためにはどうすればいいかや、物語の登場人物がどう感じているかを理解できるようになる。この能力はミラー・ニューロンが発火する結果で、女の子は他者の手の動き、姿勢、息づかい、凝視、表情などを見るだけでなく、それを頭のなかで模倣（ミラーリング）して、相手の感情を直感的に知るのだと思われる。

これが真相である。これが直感の秘密であり、心を読む女性の能力の実態だ。べつに神秘的でもなんでもない。それどころか脳画像を調べると、特定の感情の状態にある他者をただ観察し想像するだけで、観察者の脳でも自動的に同じ感情的パターンが活性化されることがわかる――そして、女性はとりわけこの種の感情的ミラーリングが得意なのだ。

このような推察力によって、ジェーンはエヴァンがどう感じているかを想像した。彼女は夫の身体的な感覚を感じとることができたのである。

ときには他者の感情が女性を圧倒することもある。たとえばクリニックにくるロキシーは、愛する者が傷つきそうになるたびに――それがつま先をぶつけるというような些細なことでも――自分が痛みを感じたようにぎょっとして息をのむ。彼女のミラー・ニューロンは過剰反応だが、しかし女性の脳が子どものころから、さらにおとなになればなおいっそう自然に行っている――他者の苦痛を体感する――ことを極端なかたちで示している。

ロンドンのユニバーシティー・カレッジの神経学研究所では、研究者が女性の手に強弱さまざまな電気ショックをかけて、そのときのようすをＭＲＩで調べた。次に女性と恋愛関係にあるパートナーにも同じ実験をした。女性はパートナーの手に強弱いずれかの電気ショックをかけたことを知らされるが、相手の顔も身体も見ることはできない。それでもパートナーが強いショックを受けたと知ると、女性の脳では自分がショックを受けたときに苦痛を感じるのと同じ領域が活性化した。女性たちはパートナーの苦痛を感じていたのである。よく「だれかの身になって」というが、女性たちはまさしく相手の脳になって感じていた。この研究では、同じことを男性にたいしても行ったが、同様の反応は現れなかったという。

進化心理学者の多くは、他者の苦痛を感じ、感情的なニュアンスをすばやく読みとる能力によって、石器時代の女性たちは危険や攻撃行動の可能性を察知し、結果として自分と子どもを守ることができたのだろう、と考えている。この才能は言葉を話せない幼児の肉体的ニーズを推測することにも役立っている。

感情的に鋭敏であることにはプラス面とマイナス面がある。ジェーンはいつもは積極的で勇敢な女性だが、激しいアクション映画を見ると寝つけなくなると話した。ホラー映画の影響を調べた調査では、男性よりも女性のほうが眠れなくなる傾向があった。また皮膚の伝導率で測定してみると、子どものころから女性のほうが容易に驚くし、怖がりだということがわかっている。エヴァンはジェーンと一緒のときには、映画鑑賞の時間帯を調整しなければならなかった。たとえば『ゴッドファーザー』を見にいこうと誘うときには、昼間の上映回を選ぶようにした。

◆男性の脳を理解する

男性の脳では、ほとんどの感情は身体的な感覚というより合理的な思考の引き金になる。そして感情にたいする男性の脳の典型的な反応は、なんとかしてそれを避けようということだ。男性の脳から感情的な関心を引きだそうと思ったら、女性はこんなふうに叫ぶ覚悟をしなくてはならない。

「潜望鏡をあげよ！　感情が近づいている。乗員全員、デッキへ集合！」

エヴァンと出会ったとき、ジェーンは相手が性急すぎると感じたが、それを伝えるのは容易ではなかった。ジェーンは以前に人間関係でつらい思いをしたので、エヴァンとつきあいはじめたときにはまだびくびくしていたという。だが彼女が正真正銘の恋愛恐怖症だという合図を出しているのに、エヴァンはまったく無頓着だった。三度目のデートで、きみこそ自分が求めていた女性だと思うと告げた。二週間目には、一緒に暮らして将来のことを計画しようと提案した。その週にセラピーにやってきたジェーンは、ヘッドライトにすくんだシカのように怯えていた。それから三週目、ピザを食べているとき、エヴァンは結婚して家族をつくりたいと言い、自分が一生をともにしたいのはきみだと断言した。ジェーンはとたんに真っ青になってトイレに駆けこんだ。パニックを起こした彼女を見て初めて、エヴァンは自分がことを急ぎすぎたと気づいた。女友だちから受けた警告に耳を貸さなかったために、深刻な事態に陥ってしまったのだ。

女性がわっと泣きだすと、男性の脳はようやく関心を向けるが、涙はほとんどの場合、まったく意外だと受けとられ――男性は非常に落ち着かなくなる。女性は表情を読む能力が優れているから、固く結んだ唇や目もとの変化、口もとの震えなどを、涙の前ぶれと認識する。ところが男性はこのような変化に気づかないので、たいていこんな反応をする。

「どうして泣くの？　たいしたことでもないのに騒がないでくれよ、頼むよ。泣きわめくなんて時間の無駄じゃないか」

研究者は、男性の脳は女性より長いプロセスを経なければ感情的な意味を理解できないと考えている。ところがほとんどの男性が時間をかけて感情を理解したいと思わない。そして時間がかかるから苛立つ。ケンブリッジ大学のサイモン・バロン＝コーエンは、まさにこれが、アスペルガー症候群の特徴である極端な男性脳をもつ男性たちに起こっていると考えている。彼らは表情を読むどころか、見ることすらできない。他者の表情からの感情的インプットの量は、彼らの脳にとっては耐えがたい苦痛として受けとめられる。

女性の涙は男性の脳にも苦痛を引き起こすのかもしれない。男性の脳は苦痛の表情を目にすると無力感を示すが、これは男性にとっては非常に厄介な瞬間だ。いつも優しいエヴァンの前で初めて泣いたとき、ジェーンは彼の反応に驚いた。彼はおざなりに肩に手をまわし、背中を軽く叩いて、「さあさあ、もうそれくらいでいいだろう」と言い放ったのだ。この一見冷たい行動は二人の争いのもとになり、二人は緊急セッションのためにわたしのところへやってきた。エヴァンはジェーンに、「きみの涙を見るのが自分には耐えがたい、苦しんでいるきみを見るとどうしていいのかわからなくて無力感にさいなまれる」と伝える必要があった。二人はだんだんに歩み寄り、ジェーンは必要だった安心感を得た。エヴァンは感じる苦痛を緩和できるようになった。ジェーンが動転したとき、エヴァンは膝にティッシュの箱を置いてカウチに座る。そして片手で彼女を抱き寄せ、片手で雑誌か本を開いて自分自身の不安を紛らわす。こうして何年かするうちに、エヴァンはジェーンには泣く必要があるのだと理解できるようになり、彼女を抱いて気がすむまで泣かせてやれるようになった。

◆彼が無神経に見えるわけ

女性はだれかがつらい思いをしているときには、自然に「そばにいて」やろうとする。悲しいときや絶望しているとき、そばにいようとしない夫の姿勢に当惑することが多いのはそのためだ。

ある研究では、生後二四時間以内でも、女児はほかの赤ん坊の泣き声――それに人間の顔――に男児よりもよく反応することがわかった。一歳の女児もひとの悲しみによく反応するし、悲しそうな顔や傷ついた表情をしていればなおさらだ。

女性の悲しげな顔という微妙な信号を男性が読みとる確率はわずか四〇パーセントだが、女性のほうは九〇パーセントである。また男性も女性も幸せなひとのそばにいると心地よいが、悲しんでいるひとのそばにいても落ち着いていられるのは女性だけだ。

あなたが傷ついたり、悲しんだりしているとき、一緒にいてくれそうな女友だちのことを考えていただきたい。彼女たちは、いつそんなことがあったの？　何を言われたの？　眠れる？　食欲は？と聞いてくれて「行ってそばにいてあげようか？」と言うだろう。彼女たちにとってはそういう細部が大切なのだ。

わたしが数年前に足首を骨折したとき、女友だちが好物のおいしいものをもってしょっちゅう家に寄ってくれた。外出できないわたしがいらいらしないようにと、彼女たちはできるだけのことをしてくれた。どうすれば相手の役に立つかを知っていた。ところが男性の友だちは「はやくよくなるといいね」と言うなり、あわてて電話を切ってしまったり、立ち去ってしまう。わざと無神経なふるまいをしているのではなかった。たぶん古くからそう配線されているのだろう。

男性は自分がつらい思いをしているときには他者との接触を避けようとする。彼らはトラブルを一人で処理しようとするので、女性も同じだろうと思っている。一人で問題を解決しようとして、潜水艦は潜望鏡を下ろし、二〇尋《ひろ》の水底へと潜行するのである。

同様の表面的な無神経さは、べつの種類の気持ちのやりとりの場でも起こる。

ジェーンとエヴァンが同棲し、楽しい数カ月が続いたあと、ジェーンは自分もエヴァンと生涯をともにしたいと思っていることに気づいた。そこで彼に自分の気持ちを伝えようと決めた。二カ月のあいだ、それとなく——子どもの話や、一緒に家を買うこと、一緒に住むならどこの街がいいかなどという話題で——ほのめかしつづけたが、エヴァンは何も反応しなかった。その次のセッションで、ジェーンは動転しつつそう報告してくれた。そして、正攻法であたってみようと思うと言った。

「わたし、結婚する用意ができたわ」。ある午後、彼女はそう切りだした。エヴァンは「そう、よかった」と答えて、バスケットボールの決勝戦を見にいってしまった。ジェーンは半狂乱になった。彼は心変わりしたのだろうか？　もう、わたしを愛してはいないの？　彼女は三時間にわたってうちじゅう彼を追まわし、せっついた。ついには苛立ちと屈辱で泣きくずれ、わたしと別れようと考えているのか、と尋ねた。

「なんだって？」エヴァンは叫んだ。

「どうしてそんなふうに思うんだろうな。きみが意思表示してくれたのはこれが初めてだよね。ぼくは指輪を買って、ロマンチックなディナーを手配しようと思っていたのに。でも、そうはさせてくれないようだ。わかったよ。ぼくと結婚してくれるかい?」

ジェーンは自分がその気になっているという信号にどうして彼が気づかなかったのか理解できず、エヴァンのほうはその場でプロポーズしなかったからといって彼女が動転した理由がどうしても理解できなかった。

パントマイム役者から表情を引きだすまで落ち着けなかった幼女の話を覚えておられるだろうか?いくらがんばっても期待した反応がないと、彼女は自分が何か悪いことをしたか、相手に嫌われている、愛されていないという結論を下した。

同じようなことがジェーンにも起こった。彼女が直接切りだしたのに、エヴァンがすぐにプロポーズしなかったので、もう自分を愛していないと解釈した。ところがエヴァンのほうは、ものごとをきちんと進めるために時間稼ぎをしようとしていただけだった。

◆感情的なできごとの記憶

エヴァンとジェーンを何年にもわたって追跡し、若いころのことをどんなふうに記憶しているかを調べたら、きっと興味深い結果が出るだろう。当人にはなんの落ち度もないが、たぶんエヴァンの記憶は映画の予告編程度だろうし、ジェーンのほうは映画本編なみの分量なのではないか。それを知ったら、ジェーンは愛が薄れた証拠だと思うかもしれない。だがそう言われても、エヴァンのほうはなんの話かわからないだろう。二人の違いを理解するには、女性の脳ではどのように感情が記憶として蓄えられるかを見ていかなくてはならない。

男女の脳で感情にかかわる領域をマッピングしたと想像していただきたい。男性の脳では各領域の連絡ルートは田舎道だが、女性の脳ではスーパーハイウエーである。

ミシガン大学の研究者によると、女性は感情的な経験に脳の両半球で反応するが、男性は一方の側だけだ。それに女性のほうが感情中枢のつながりが広範囲で、より活発だという。

スタンフォード大学のべつの研究では、ボランティアに感情的なイメージを見てもらいながら、脳の画像を調べた。女性の場合、九つの違う領域が活性化して明るくなったが、男性は二つだけだった。さらに女性はふつう感情的なできごと——最初のデート、休暇、激しい口論など——を男性よりも鮮やかに、しかも長く記憶していることがわかっている。女性は彼が何を言ったか、一緒に何を食べたか、記念日に外は寒かったか、雨が降っていたかまで覚えているが、男性のほうは彼女がセクシーに見えたかどうかはべつとして、あとのことはきれいに忘れている。

男女とも、感情の門番は扁桃という脳の深部に位置するアーモンド形の器官だ。扁桃は総合警備保障会社のようなもので、感情的な刺激が入ってくると、ほかの身体システム——内臓、皮膚、心臓、筋肉、目、顔、耳、副腎など——のスイッチを入れる。

扁桃から身体へと感情が送られる最初の中継地が視床下部で、ここは統合参謀本部のように身体各部からの報告を受けとったあと、血圧上昇、動悸、呼吸の速さ、闘争か逃走かという反応を刺激するなど、各システムの対応を調整する任務を負っている。扁桃はまた、脳の情報部である皮質にも信号を送り、ここで感情的な状況が分析、評価されて、どの程度の関心を向けるべきかが決定される。感情的な強度がそうとうなものだと判断すると、皮質は扁桃に信号を送り、意識的な領域を喚起して関心を向けろと指示する。この瞬間に、わたしたちはあふれる感情を意識するわけだ。それまでは、こうした脳の処理はすべて舞台裏で行われている。だがこれ以降は脳の執行管理部門である意志決定中枢——前頭前皮質——が対応を決定する。

女性のほうが感情的な細部まで覚えているのは、ひとつには女性の扁桃が細かな感情に反応して容易に活性化するためだ。事故や脅威などのストレスの強い状況に、あるいはロマンチックなディナーなどの楽しいできごとにたいする扁桃の反応が強いほど、海馬はそのできごとのたくさんのディテールに記憶用のタグをつける。

研究者は、女性のほうが海馬が大きいので、楽しいことも楽しくないことも細かく——いつ起こったか、その場にだれがいたか、天候はどうだったか、レストランはどんな匂いがしていたか——感覚的情報をともなった詳細な三次元のスナップショットとして記憶しているのだろう、と考えている。

一三年後、ジェーンは二人が結婚しようと決めた日のことを一分一分まで覚えているだろうが、エヴァンは時間とともに忘れはじめる。そのときのことを思い出して笑いあう二人だが、ジェーンが細かいことを言いだすと、エヴァンはきょとんとする。彼は最初に結婚のことを言いだしたときにジェーンの気分が悪くなったことは覚えているが、結局どんないきさつでプロポーズしたのかは覚えていない。そういうたいせつな細かいことを記憶に蓄えていないのだ。

これはエヴァンがジェーンを愛していないからではない。彼の脳の回路はそのような情報を保持できず、したがって長期記憶として記号化できないのである。ジェーンが二人の関係を脅かしたり物理的危険によって彼の扁桃を活性化させれば、記憶は彼の回路にもしっかりと焼きつくはずだ。

男性が例外的に感情を、つまり細かい記憶を刻みつけられることが二つある。だれかがあからさまに怒らせたり脅したりすれば、男性は女性と同じくただちに感情を読みとる。攻撃的な脅威にたいしては男性も女性なみにすばやく反応し、ほとんど瞬時に筋肉が活性化されるだろう。別れると言ったり、物理的に脅迫すれば、即座に男性の関心を喚起することができる。ジェーンが話してくれたのだが、エヴァンとケンカしたとき、本気ではなかったが、もうあなたの頑固さには耐えられない、出ていく、と言ったことがあるという。そのときのことがトラウマになって、エヴァンは頼むから本気でないなら二度と出ていくと脅かさないでくれ、と頼んだそうだ。そのケンカだけは、エヴァンは決して忘れなかったのである。

◆怒りを避けようとする回路

男女の脳のもうひとつの違いは、怒りの処理法にある。男性も女性も同じくらい怒りを感じるというが、怒りと攻撃性の表現は明らかに男性のほうが強い。扁桃は恐怖、怒り、攻撃性の中枢で、実際に男性のほうが女性よりも大きいが、怒り、恐怖、攻撃性を律する中枢——前頭前皮質——は相対的に女性のほうが大きい。この結果、男性の怒りのボタンを押すほうが容易だということになる。それに男性の扁桃にはテストステロン受容体がたくさんあり、とくに思春期にテストステロンが増加してからは、怒りの反応は刺激されやすく、激しい。だから若い男性を含め、テストステロン・レベルの高い男性は怒りの導火線が短い。テストステロンを摂取しはじめた女性の多くも、急に怒りっぽくなったという。男性が年をとると自然にテストステロンが減少し、扁桃の反応も鈍化して、前頭前皮質のコントロールが利くようになり、若いころのようにすぐに怒ることはなくなる。

女性と怒りの関係はこれほど直接的ではない。わたしは母に、よい結婚生活を長く続ける秘訣は女性が言いたいことを我慢することだ、と言い聞かされて育った。女性が怒りを見せないために「言いたいことを我慢する」のは、社会的に教えこまれたからだけではない。脳の回路に大きな原因があるのだ。

女性が怒りをすぐにぶちまけたいと思っても、脳の回路はこの反応をハイジャックして、まず不安や報復の可能性について考えさせようとする。それに女性の脳はとにかく紛争を回避しようとする。これはひとを怒らせて人間関係が壊れることへの不安からきている。そのうえ怒りや人間関係の葛藤への不安が生じたときには、セロトニン、ドーパミン、ノルエピネフリンなど脳内の神経伝達物質が急に変化して、脳はほとんど発作に近い、耐えがたい興奮状態になるのかもしれない。

この極端な不快感への反応として、女性の脳は葛藤や怒りを処理して回避するための追加的なステップを、つまり感情をハイジャックし、消化の前に反芻《はんすう》する牛のように何度も考えなおすように仕向ける一連の回路を進化させてきたのだろう。その部分である前頭前皮質と前帯状皮質は女性の脳ではとくに大きい。怒りを反芻する余分な胃のようなものだ。

これまで見てきたとおり、喪失や苦痛の不安があると、女性は男性より簡単にこれらの部分が活性化される。野生生活では、守り養ってくれるオスとの関係の喪失は生命にかかわるかもしれない。それに怒りを慎重に抑えていれば、女性と子どもは男性の報復をまぬかれるだろう――女性がぶち切れるようなことがなければ、かっとしやすい男性の極端な反応を誘発することもない。

研究によれば、ゲームをしていて争いや口論が起こると、女の子は怒りの表出を避けるために遊ぶのをやめるが、男の子は熱心に遊びつづける――主導権を争い、競争し、だれがボスか、だれが人気のある玩具をとるかで何時間でも言い争う――という。

夫の浮気を発見したり、子どもが危険に陥ってかっとなれば、女性もただちに怒りを爆発させて全力で闘うだろう。そうでない限りは、男性が感情を避けようとするのと同じように、女性は怒りや対決を避けようとする。

女の子やおとなの女性は、必ずしも扁桃から爆発する怒りを男性のように直接的に感じとるのではないのかもしれない。あるとき、同僚に卑怯なことをされたわたしは、帰宅して夫にその話をした。すると夫はたちまちその人物に激怒し、どうしてわたしも激しく怒らないのか理解できないと言った。女の子や女性の怒りは男性のようにすぐに脳のなかで反応を起こすのではなく、脳のなかで身体的感覚、葛藤—苦痛の予想、言語回路を通過していく。このできごとにたいして対応するまでに、わたしはしばらく考える時間が必要だった。

女性はだれかに腹を立てるとべつのだれかに話したがる。しかし研究者たちは、女性は怒りを行動化するのに時間がかかるにしても、いったんそのスピードがある言語回路が動きだすと、男性には太刀打ちできない怒りの言葉の一斉射撃がはじまるという。一般に男性のほうが語彙が少なく、しゃべり方も流暢ではないから、怒って言いあうと女性にはかなわない。女性に言葉でやりこめられて苛立つと、男性の脳の回路と身体は簡単に肉体的な怒りの表現に逆戻りしてしまう。

わたしが見てきた、コミュニケーションがうまくいっていないカップルの多くはたいてい、男性の脳の回路がひんぱんかつ簡単に怒りや攻撃の反応を起こし、女性は怯えて口を閉ざしてしまうという問題を抱えていた。女性は昔からのプログラムに危険を警告されても、そこから逃げれば養い手を失い、自分で自分の身を守らなければならなくなると心配する。もしカップルがこんな石器時代そのままの葛藤にはまりこんでいたら、解決は難しい。そのようなカップルに、男性の脳と女性の脳では怒りと安全にかんする感情の回路が違うことを理解してもらうと、事態が大幅に改善されることが多い。

◆女性は不安になりやすい

ある日、サラが震えながらわたしのオフィスへやってきた。ニックが職場でつきあっている女性のことで夫婦ゲンカをしたのだった。サラは、週末のディナー・パーティーのときに、ニックが自分の目の前でその女性といちゃついていたと信じこんでいた。彼が会話を中断して部屋を出るたびに、サラの心のなかでは離婚、財産分割、親権の割りあて、彼の家族との別れ、町からの退去というビデオテープが再生されつづけたらしい。彼女はものごとに集中できなくなり、いつまた夫婦ゲンカがはじまるかとびくびくし、もう自分たち夫婦はおしまいだと確信していた。

だが、実際にはそうではなかった。ニックは一生懸命に努力していた。しかし言い争いのあと、サラの脳は神経化学的に激しいうつ状態になったままだった。脳のすべての回路が危険警報を発しつづけた。ニックのほうはとくに動揺していないようで、いつものように水曜日の夜のバスケットボールを続けていた。自宅でサラと一緒にいても気まずくないらしい。しかしサラは眠れず、一日泣きつづけ、絶望の淵にますます沈んでいった。サラの現実のなかでは世界の終わりがきていたが、ニックはまったく無関心に見えた。

なぜサラは怯えて不安なのに、ニックはそうではないのか？　男性と女性では安全と不安にかんする感情の回路が異なり、それが具体的な人生経験でますます強化される。安全を求める感覚は脳の配線に組みこまれていて、脳の画像を調べると、女の子と女性の脳は、恐怖や苦痛を予想すると男性よりも簡単に活性化する。

コロンビア大学の研究によれば、脳は不安経路の活性化によって何が危険かを学習し、快楽―報酬回路の発火によって何が安全かを学習するという。危険や苦痛を予想したとき、女性は恐怖の反応を抑えることが男性より難しい。だからサラは一人でうちにいて半狂乱になってしまったのだ。

不安とは、ストレスや恐怖が扁桃を発火させ、脳が目前の脅威に意識的関心を結集するように仕向けている状態である。女性は男性の四倍も不安になりやすい。女性のストレスの引き金はきわめて敏感なので、男性よりも簡単に不安になる。これは適応的な資質ではないと思われるかもしれないが、実際にはこれのおかげで女性の脳は目前の危険に関心を集中し、迅速に反応して子どもを守ることができる。

残念ながら、このように鋭敏な感覚をもっているために、成人女性も一〇代の女の子も、とりわけ生殖能力を有する期間は、男性の二倍近くもうつや不安障害にかかりやすいという傾向にある。この厄介な現象はヨーロッパから北米、アジア、中東と文化のべつなく見られる。

「うつにかんするジェンダー格差」について、心理学者は文化的、社会的な説明を強調するが、恐怖やストレスにたいする敏感さ、遺伝子、エストロゲン、プロゲステロン、それに生まれつきの脳の生物学が重要な役割を演じていることが、神経学者によってますます明らかにされつつある。

エストロゲンとセロトニンに影響される多くの遺伝子変異と脳の回路が、女性のうつのリスクを高めると考えられている。うつと診断された女性に変異が見られるＣＲＥＢ－１という遺伝子には、エストロゲンでオンになる小さなスイッチがある。研究者は、プロゲステロンとエストロゲンが増える思春期に、女性のうつ病リスクが高くなるメカニズムのひとつではないかと見ている。

また、なぜ女性は男性の三倍も「冬季うつ病」や季節性情動障害にかかりやすいかも、エストロゲンの影響によって説明できるかもしれない。研究者は、エストロゲンが身体の日周リズム、つまり日光や闇に刺激される睡眠と覚醒のサイクルに影響を及ぼし、遺伝的に危険性の高い女性が「冬季うつ病」を発症することも明らかにしている。

◆脳の性差が誤解を生む

男性も女性も中年から老年にさしかかり人生経験を重ねると、だんだん安定してくるし——とくに男性は——長く抑制してきたさまざまな感情を楽に表出できるようになる。しかし女性と男性は感情の知覚や現実、反応、記憶が異なること、この——脳の回路と機能にもとづく——性差が多くの興味深い誤解の核心にあることは、なかなか理解されない。

エヴァンとジェーンはお互いの現実が見られるようになった。ジェーンがいきなり泣きだしたときには、エヴァンは自分が何か鈍感なことをしたのだろうかと考える。ジェーンが疲れてセックスをしたがらないときには、エヴァンは本能と闘いつつ、妻の言葉どおりに受けとめようとする。エヴァンが苛立って独占欲をむきだしにすると、ジェーンは自分が十分な性的関心を向けていなかったと気づく。こうしてようやくお互いが理解できたところで、また事態が大きく変わる。

女性の現実には、まだもうひとつ大きな変化が待っているのである。

第7章　熟年女性の脳

ある日、目覚めたシルヴィアは決意した。もういや。やってられない。離婚しよう。夫のロバートは自分勝手で非協力的で、どうにもならない。夫の小言や命令にはほとほとうんざりした。彼女の思いを決定的にしたのは、腸閉塞で一週間入院しているとき、夫が二回しか見舞いにこなかったことだった。そのどちらも家事でわからないことがあったので聞きにきただけだった。

少なくともセラピーのときのシルヴィアの説明ではそうだった。シルヴィアは茶色の髪に輝く青い瞳、軽やかな足どりの魅力的な女性だ。彼女は二〇代初めからこれまで、自分のことしか考えないひとたちの世話に明け暮れてきたと感じていた。他人の問題を解決し、アルコール依存症や虐待的な状況から引きずりだしてやったけれど、そのせいで彼女のほうは感情的に干あがってしまった。

五四歳のシルヴィアはいまでも十分に魅力があるし、自分でもエネルギッシュだと感じている。何より彼女が驚いたのは、最近、急に霧が晴れたように、いままで見えなかったものが見えてきたことだった。困っているひとを助けてめんどうを見なければならないという衝動はきれいに消えた。多少のリスクを冒しても、自分の夢を実現する方向へ歩きだしたい。「どうして、わたしの人生はこんなふうなんでしょう?」と彼女は聞いた。

「わたしだって、もっと自分らしい人生を送りたいんです!」

彼女は長年、専業主婦として料理や掃除や三人の子どもの育児をこなしてきた。働きたい気持ちは強かったが、ロバートが決して家事を手伝おうとしないので無理だった。二八年間、車で家族の送り迎えをし、子どもを慈しみ育て、宿題をみてやり、夕食を食べさせ、家庭が崩壊しないように見守ってきた。ところがいまになってふいに疑問が湧いたのだ。どうしてなの?

じつはすべて投げ捨ててやりなおしをしたくなるというシルヴィアのような例は、閉経期の女性にはごくありふれた通過儀礼なのだ。しかもアメリカでは毎月一五万人の女性がこの年代にさしかかる。このプロセスに当の閉経期の女性は当惑するだろうし、ショックを受ける夫はさらに多い。閉経期の女性は以前ほどひとを喜ばせることに関心を向けず、自分の楽しみを優先したいと考えるようになる。この変化は心理学的な展開のひとつと見られてきたが、同時にホルモンに人生最後の大きな変化が生じるため、女性の脳で新しい生物学的な現実が生まれ、それが引き金になっていると考えられる。

ＭＲＩでシルヴィアの脳を調べてみれば、数年前とはまったく違った光景が見られるはずだ。脳の回路を流れる刺激は安定していて、以前のような月経周期にともなうエストロゲンとプロゲステロンの大きな変動は起こらない。彼女の脳はもっと確かで安定したマシンになっている。月経がはじまる直前にわずかなことで発火して、脳が、見る現実をがらりと変え、ときにはありもしない闇を見せられ、根拠のない侮辱を聞いた扁桃の回路はもうない。（感情処理を担当する）扁桃と（感情の評価および判断の領域である）前頭前皮質とをつなぐ回路は十分に機能し、安定している。もう月のある時期に簡単にハイになったりはしない。それでもシルヴィアが脅迫的な顔を見たり悲劇を聞いたりすると、扁桃は男性よりも明るく輝くが、もういきなり涙にくれることはない。

平均的な閉経年齢は五一歳半で、最後の月経の一年後である。コミュニケーション回路や感情の回路を活気づけて、世話焼きやめんどう見に走らせ、どんな代償を払っても争いを回避しようと思わせるホルモンを卵巣が産生しなくなってから一年後でもある。回路はまだあるが、他者の感情を追尾する性能のいいマセラティのエンジンを動かす燃料はだんだん枯渇し、そのために女性の現実認識には大きな変化が起きはじめる。

エストロゲンもオキシトシンも低下する。もう感情の細かなニュアンスは気にならない。平和を保つことにもそうこだわらない。そして、たとえば友人とのおしゃべりのように以前はドーパミンがあふれていた行動もさほどではなくなる。子どもたちの世話をして得られていたオキシトシンという鎮静効果のある報酬もなくなるから、ひとのめんどうを見ることにもそれほど関心が向かない。

この変化は急激に起こる可能性がある。問題は、外から見ている家族にはシルヴィアの内なるルールの書きかえがわからないことだ。

閉経期まではシルヴィアの脳もほとんどの女性と同じで、ホルモンの微妙な相互作用や肉体的な接触、感情、それに世話を焼き、めんどうを見て、人助けをするという脳の回路によってプログラムされていた。社会的にも他者を喜ばせることで回路はいつも補強されてきた。ひととつながっていたい衝動、感情を読みとる高度な欲求と能力は、ときにはまったく努力の見返りがない状況でも彼女を駆りたてた。

シルヴィアの話では、友人のマリアンが酔っぱらって運転するのを止めようと、街じゅう探しまわったこともあるという。シルヴィアは四〇代のほとんどを、母の死後に認知症になった要求の多い父親の世話をして過ごした。そして自分さえもうちょっと我慢していれば、家族みんながまとまって幸せなのだと信じて、ロバートと一緒に暮らしていた。二人の夫婦仲はもともとしっくりいっていなかった。子どもたちが小さいときには、もしロバートと別れたら子どもたちがどんな悲惨な目にあうかわからないと不安だった、とシルヴィアは言う。

だが子どもたちが成長して家を離れ、こうした衝動の基盤であった回路はもう燃料切れになった。シルヴィアの気持ちは変化した。もっと大きなスケールで――家庭の外で――ひとの役に立ちたいと思いはじめた。中年女性のロールモデルのひとつであるオプラ・ウィンフリーは、五〇代を迎えた思いをこんなふうに表現している。

この年齢になってもまだ自分が大きく成長し、自分自身の限界を超えてもっと賢くなれるということにわたしは驚いている。二〇代のわたしは、いつか魔法のようにおとなになる年齢がきて（三五歳くらいかな）、そのとき自分は「おとなとして」完成するのだと考えていた。おもしろいことにその魔法の年齢は変化しつづけ、世間では中年といわれる四〇代になっても、わたしはまだ自分が考えるようなおとなではないと感じていた。そしてかつて抱いていたどんな夢も期待も超えるような人生経験をしたいま、わたしたちはあるべき自分になるためにつねに変化しつづけていくのだ、と確信している。

エストロゲンが低下すると、オキシトシン——ひととのつながりと世話焼きのホルモン——も低下する。ときには針が振り切れるほどの上昇を見せていた感情的な世話焼きとめんどう見の衝動は、低速安定走行になる。シルヴィアの脳では新しい現実が芽生えており、その現実感は断固として揺るがない。

これが古代から引き継いできた女性の脳の配線によって生じる二一世紀の現実だ。シルヴィアの脳の現実の変化、それが様変わりしたバランスの基盤にある。熟年女性でも脳の回路そのものは変化していないが、それまで使われ、同時に神経伝達物質やオキシトシンを押しあげていたハイオクタンの燃料――エストロゲン――が減ってしまう。この生物学的事実が、その後の道に踏みださせる強力な刺激になる。

この年代の女性にとって――それと周囲にいる男性にとって――大きな謎のひとつは、ホルモンの変化は思考や感情や脳の機能にどのような影響を及ぼすのか、ということである。

◆動乱のはじまり

女性のホルモンは閉経の数年前から変化しはじめている。女性の脳は四三歳くらいでエストロゲンにたいする感度が鈍くなり、ほてりから関節痛、不安、うつなど、月ごと年ごとに変化するさまざまな症状が現れる。研究者は、この脳におけるエストロゲン感度の変化そのものが閉経の引き金になると考えている。

性的衝動も急激に変化する。エストロゲン・レベルが急低下すると、テストステロン――性的衝動のロケット燃料――も下がる。四七、四八歳あたりになると、女性の脳の安定性はほとんど毎日のようにぐらぐらしておぼつかない。卵巣がエストロゲンの産生を止めてしまう閉経の二年ぐらい前から、つくられるエストロゲンの量が不安定になり、そのために大変な思いをする女性もいる。

わたしのクリニックに予約を入れた——精神科医に診てもらおうと思ったのはそれが初めてだった当時四七歳のシルヴィアもそうだった。末っ子が大学に進学して家を離れる前年で、つねに気分症状に——苛立ちや、感情的な爆発、喜びも希望も感じられない状態などに——悩まされていた。彼女は「閉経期って思春期と同じようですね——ただし、楽しいことは何もない思春期です」と言ったことがある。じつはそのとおりだ。脳は思春期と同じようにホルモンの変化に振りまわされ、心理的なストレスへの反応、容姿への不安や激しすぎる感情的起伏で神経がくたくたになる。

シルヴィアはいま機嫌がよかったと思えば、次の瞬間にはロバートの無神経な一言に家中が震えるほどドアを叩きつけて飛びだし、ガレージにこもって一時間も泣きつづけた。そんな状態に耐えられず、症状をやわらげる薬を処方してほしいと彼女は言った。ロバートとの問題はあとまわしだ。そこでわたしはエストロゲンとゾロフトを処方した。二週間後、彼女の気分は本人も驚くほど改善された。彼女の脳は神経化学的なサポートを必要としていたのだ。

女性のなかでも幸運な一五パーセントにとっては——二年から九年の——閉経期はそよ風みたいなものだが、約三〇パーセントは非常に不快な思いをするし、五〇〜六〇パーセントの女性は少なくともなんらかの更年期障害を経験する。残念ながら、そのときがきてみなければ自分がどの部類に入るのかはわからない。

しかし敷居を越えたなという明らかな兆候はある。たとえばほてりは脳がエストロゲンの低下を体験しているという信号だ。エストロゲンの減少に反応して視床下部の体温調節細胞が変化し、ふつうの気温でもいきなり激しい暑さを感じる。もうひとつの閉経期の兆候は、ほてりが出る前でも月経周期が一日か二日短くなることだ。ブドウ糖にたいする脳の反応も急激に変化し、エネルギーが大きく上下して甘いものや炭水化物が欲しくなる。エストロゲン減少は脳下垂体にも影響し、月経周期が短くなって排卵や受胎期間があてにならなくなる。ご注意願いたい。多くの女性が排卵の乱れのおかげで「思いもよらなかった」赤ちゃんを授かっている。

わたしが「女性の気分とホルモン・クリニック」をはじめたのは自分の閉経期のずっと前だったから、当時、個人的に経験したのはちょっと重いＰＭＳ（月経前症候群）と分娩後甲状腺機能低下症だけだった。しかし四〇代半ばになってＰＭＳがひどくなり、激しい苛立ちや憂うつを感じるようになった。最初は仕事と子育てを両立しようとするストレスのせいだと考えた。もちろんストレスも更年期障害に一役買っていたことは間違いないが、しかしまさか自分が毎日接しているクリニックの来院者と同じことが起こっているとは思わず、数年間、ホルモン療法に抵抗していた。

しかし四七歳で全面的に更年期に突入した。よく眠れなくなり、身体がほてって目を覚まし、汗にぬれた寝巻きを替えなければならないことも多くなった。朝になると気分は最悪で、疲れて苛立ち、ちょっとしたことで泣きだしそうになる。エストロゲンとゾロフトを飲むようになって二週間後、魔法のように以前の自分が戻ってきた。

エストロゲンは脳のセロトニン、ドーパミン、ノルエピネフリン、アセチルコリン——気分や記憶をコントロールする神経伝達物質——にも影響するので、エストロゲン・レベルの大変化が脳のさまざまな機能に影響を与える可能性がある。ここでこれらの神経伝達物質を脳で下支えしてくれるゾロフトその他のＳＳＲＩ系の薬が効き目を表す。

調査によれば、閉経期の女性はすでに閉経した女性よりも多くの——気分の落ちこみや睡眠障害、記憶力の低下、苛立ちなどの——症状を医師にうったえるという。セックスへの関心、あるいは関心の欠如も問題になりうる。エストロゲンの低下とともにテストステロン——愛の燃料——もこの時期に急減するからだ。

◆性的関心の急低下

マリリンと夫のスティーブがわたしのところへやってきたのは、セックスを拒絶されたスティーブの我慢が限界に達したときだった。「彼女はもう触らせてもくれないんです」と夫は言った。マリリンはわたしにこう言った。

「以前はセックスが好きだったし、もう一度あんな気分になってみたいですけれど、でも触られたり、意味ありげな目つきで見られるたびに、その……その……いらいらしちゃうんです。彼を愛していないわけではありません。愛しています」

夫たちは呆然とするかもしれない——男性のホルモンはそう急激には変化しない。男性のホルモンも徐々に減少し、それとともに性的衝動も低下するだろうが、しかし男性の脳では女性ほどのホルモンの急低下はない。

二人が相談にきてくれてよかった。これは生物学的な問題だが、たちまち夫婦間の問題に転じるからだ。多くの女性は性欲の減少を経験する。だがわたしはマリリンの状態が少々極端すぎると思った。テストステロンを測定してみると、ほとんど存在していなかった。これがスティーブを拒絶した原因ではないか？　マリリンがテストステロンを試してみると言ったので、わたしは貼付薬を処方した。彼女はその日から使用しはじめた。

ホルモンの変動が激しいこの時期、性的な反応には大きな幅があるが、四二歳から五二歳までの女性の半数はセックスへの興味を失い、欲望をかきたてられず、オーガズムも回数が減るし弱くなる。閉経するころには、女性は二〇代にあったテストステロンの六〇パーセントを失っている。だがいまではテストステロンはいろいろなかたちで——貼付薬、ピル、ジェルなどで——補充できる。

二週間後、待合室にいたマリリンとスティーブに声をかけると、スティーブは両手の親指をぐっと立ててみせた。マリリンは一週間もしないうちに彼の誘いが不快でなくなり、二週目になると自分のほうから誘いたくなったが、実行はしなかったという。彼女の脳の性的欲望の回路は少量のホルモンというロケット燃料で再発火したのだ。使わなければ衰退するというのは、記憶やセックスを含め、すべてにあてはまる。へその下の脳も使わなければしぼむ。

閉経期あるいは閉経後の女性のすべてがテストステロンあるいは性的関心を失うわけではない。それどころか「閉経後の情熱」という言葉を使ったのは人類学者のマーガレット・ミードだ。女性はもう避妊やＰＭＳ、生理痛、その他毎月の婦人科的不快に悩まされなくなる。これは多くのじゃまものが取り除かれた、すばらしい可能性に満ちた人生の時期だ。まだまだ生きる活力は十分にあり、熟年がもたらすすべての良きものを心ゆくまで楽しむ若さが残っている。多くの女性は再び生きる意欲を体験し、さらには性的欲求までもが若返り、胸の躍る冒険や新たなはじまりを求めだす。改善されたルールで人生を再スタートするようなものだ。その活力をもちあわせないひとたちには、テストステロン・パッチ（貼付薬）が効く。

シルヴィアがロバートとの離婚について相談するために再びやってきたとき――入院中の彼女を夫がろくに見舞わなかったとき――彼女は更年期障害の時期を過ぎ、エストロゲンとゾロフトの服用をやめていた。月経がなくなったら脳の霧が晴れたようだと彼女が言ったのはそのときである。ＰＭＳが重かったシルヴィアは、それから解放されると視野が明るくなったようで、いまの自分が人生に何を望み、何を望んでいないかが明らかになったという。彼女はロバートに、まだあなたを尊敬しているが、しかしあなたの世話をして、あなたの時間に合わせて暮らし、大きな家を維持していけと要求されるのにはほとほと疲れた、と告げた。

エストロゲンとオキシトシンの高まりによって、毎月——確実に他者の世話をするために——準備態勢を整えていた脳の回路はもう働いていない。もちろん、まだ子どもたちはかわいいが、そばにいないので、抱きしめてオキシトシンを刺激することも、エストロゲンで世話焼き回路や行動に火をつけられることもなくなった。彼女は依然として義務を果たしていたが、そうしなければならないという衝動は感じなかった。そこでロバートに向かって、「あなたはおとなだし、わたしは子育てを終えました。今度はわたしが自分らしく生きる番です」と告げたのである。

子どもたちが大学の休みに帰省したときは嬉しかったし、ようすを聞くのが楽しかったが、しかしあいかわらず片づけをし、食事の世話や洗濯をしてくれるものと期待されることにはいらいらした、とシルヴィアは言う。子どもたちは、洗濯と乾燥はやってくれるのに、ソックスはもうそろえてくれないんだね、と母親をからかいさえしたという。シルヴィアも一緒に笑ったが、しかし初めて言い返した。

「自分の洗濯は自分でしたらいいでしょ。もう子どもじゃないんだから!」

ママの脳の活動は低下しはじめる。子どもたちをすべて送りだしたとき、古代から引き継いだ母親用の配線はゆるみ、女性は脳の子ども自動追尾装置のプラグをいくつか引き抜く。子どもたちが家を離れてへその緒が切れると、ママの脳の回路はやっと解放され、新しい野心、新しい思考、新しい思いつきに使用できることになる。

だが多くの女性は、子どもたちが初めて巣立つときにひどく悲しみ、どうしていいかわからなくなる。何百万年もかかって進化し、エストロゲンによって動かされ、オキシトシンとドーパミンで再強化されてきた母親回路からついに解放されるのだ。

生涯のこの時期、シルヴィアほど恨みがましくならない女性たちもいる。二人の子どもが大学に進学して自立したとき、わたしのクリニックに通うリンには三〇年も深く愛しあってきた夫のドンがいた。リンとドンはそれまで行きたいと思っていたところへの旅行をはじめた。夫婦には二人の立派な子どもたちを育てあげた満足感があった。リンは楽しく母親業にいそしんでいたので、子どもたちが大学へと去ってからの数カ月間は寂しさを感じたものの、その後は子どもたちを起こして食べさせて送りだすという朝の仕事がなくなって伸び伸びした。

彼女は大学の管理職として成功し、ひとにも好かれていた。ドンはエンジニアだった。それぞれ一人で過ごす時間が多くなれば、それだけ二人の関係は豊かになった。二人は長年の愛と信頼を力にして人生の過渡期を乗りきり、将来の道に備えて新しいルールをつくりあげた。

シルヴィアにとって中年の危機はそれほど穏やかにはすまなかった。次のセッションのとき、彼女は大学院進学を決意し、週に二回、精神保健クリニックで働きはじめていた。

母親の新たな関心事に子どもたちは少々戸惑った。末娘は自立して大学生活になじんでいたから、もう以前ほど母親を必要としなかったが、それでも電話口で母親が自分の大学院進学計画や新しい仕事のことばかり話したがるので驚き、少し傷ついた。シルヴィアはわたしに、もう娘の暮らしのあれこれに差し迫った関心がなくなったことが自分でもかなりショックだったと語った。気のない自分の対応に自分でびっくりしていたのだ。

彼女の脳には何が起こっていたのか？　エストロゲンが低下しただけではない。子どもたちとふれあい、世話をすることで得ていた身体的な感覚も消えた。その感覚はエストロゲンとともに脳の世話焼き回路を再強化し、オキシトシンを押しあげていたのだ。この変化のプロセスはたいていの母親の場合、子どもたちが一〇代になり、抱きしめられたり、キスされたり、ふれられたりするのに抵抗しだしたときにはじまる。だから子どもが巣立つころには、母親は子どもたちと距離をおき、身体的な世話から遠ざかることに慣れている。

ラットの母親の行動にかんする実験で、母親らしい行動を活性化するメスの脳の回路を維持するには身体的接触が必要なことが明らかになった。研究者たちは、ラットの胸、腹、乳首の部分を麻痺させた。母ラットは子ラットを見て、嗅いで、鳴き声を聞くことはできるが、身体にすり寄ってくる子を感じることができない。その結果、子育てと絆づくりの行動は大きく阻害された。この母ラットたちは正常なラットのママのように子ラットをくわえたり、舐めたり、乳をやったりしなくなった。子育てと世話焼き行動のための脳の回路はきちんとできあがり、ホルモンによる準備が整っていても、触覚のフィードバックがないとラットの母親の子育て行動の配線は発達せず、結果として多くの子が死んでしまった。

人間の母親もこの身体的なフィードバックを使って、脳の子育て・世話焼き回路を活性化し、維持している。同じ家に住んでいれば、ふつうの接触で——成人した子どもでも——子どもたちの世話をしてめんどうを見る行動は十分に維持される。しかし子どもが家を離れれば話はべつだ。同じころに母親が閉経すると、母親らしい脳の回路を築き、準備し、維持していたホルモンも消える。

だからといって脳の世話焼き回路が永久的に消え失せるわけではない。五〇歳以上の女性の五人に四人は、ひとの役に立てる仕事があることが自分にはたいせつだと言う。閉経した女性の多くは、今度こそ自分のために何かしようと最初は思うようだが、その後の再出発でやはり人助けに戻っていく。

めんどうを見るという回路はすぐに復活する。五〇歳以上の女性が赤ん坊の母親になると——五五歳で中国人の嬰児を養子にした大学の同僚が語ってくれたとおり——日々の接触によって脳には再び世話焼き回路が現れる。この回路は一度できあがると再発火が可能なのだ。ママの脳というものは最後の最後までしぶとい。

しかし、この時期はシルヴィアにとっては黄金のときだった。事実、彼女はようやく自分に聞こえる笛吹きの音についていけるだけの自由を得たのだ。彼女は自分なりの研究テーマを決めた。新たに勉強していくなかで、一〇代の問題行動の根は早期の教育にあると確信し、学齢前の子どもたちにたいする親と教師の接し方を改善することに情熱を燃やした。修士コースで社会福祉を学ぶ一環として、地元の幼稚園教諭育成に参加した。子どものころになじんでいた教会にも復帰し、ガレージにアトリエをつくって、また――ロバートと結婚したときにあきらめた――絵を描きだしたとも言った。あるセッションでは、新しい人生が開けてほんとうに幸せだと涙ぐんだほどだった。彼女は世界をよくすることに参加していると感じていた。

その一方、毎晩ロバートが帰宅するとたんにはじまる口論はますます激しくなった。

◆わたしの妻はどこへ？

まもなくシルヴィアとロバートは夫婦カウンセリングのために二人でやってきた。未解決の問題が高じて、どちらもついに我慢の限界に達したのだ。ロバートは妻の言葉に耳を疑った。

「自分で食事の支度をするか、出かけて一人で食べてきたらいいでしょう。言っときますけどね、わたしはおなかがすいていないの。いまは絵を描くのが楽しいから、中断したくないわ」

また二日ほど前の晩には、パーティーの席で株式投資についてあれこれと意見を述べたあげく、何も知らないことに（投資専門誌を読んでいるのはロバートだったから）口出しをしないで引っこんでいろと注意した夫に言い返した。

「そうね、あなたは投資雑誌を読んでいるわね。でも損ばかりしているじゃないの。わたしの最近のポートフォリオを知っている？　あなたの三倍は儲けてますよ。だからあんまりひとをバカにしないほうがいいわよ」

そう言ったのだ。夫が何か言うたびに苛立つらしかった。彼女は家を出ると宣言した。

若かったころなら、シルヴィアはどれほど腹が立っても、夫との争いを避けるためにたいていのことは我慢しただろう。エストロゲンが感情とコミュニケーションの回路を活性化したとき、一〇代の女の子の頭で再生されるテープのシナリオを覚えておられるだろうか。どんな争いも人間関係を危険にさらすと思わせてパニックを起こす、あれだ。あのテープは女性が意識的に克服するか、回路の燃料であるホルモンの供給が切れるまで（あるいはその両方が起こるまで）再生されつづける。

つまり、いまのシルヴィアのような状況だ。

シルヴィアはこれまでずっと、従順で、人あたりがよくて、夫に譲る――とくに夫が仕事で疲れていらいらしながら帰ってきたとき――自分を誇らしく思ってきた。彼女の夫への思いやりはほんものだった。石器時代の脳が女性にそう仕向けたように、彼女は家庭を維持するために平和を守った。夫がいるのはいいことだ。そうすれば守られる。それが争いを避けさせるメッセージだった。ロバートが結婚記念日を忘れても、彼女は我慢して黙っていた。長時間の仕事から戻った夫が言葉の暴力をふるっても、口答えもせずにシチュー鍋をかきまわした。

だが閉経期を迎えてシルヴィアのフィルターがはがれ、苛立ちはつのり、怒りが外に表れる前に「反芻用の胃」を経由することもなくなった。エストロゲンとテストステロンのバランスが変化し、怒りの経路は男性のそれに近づいた。鎮静化作用のあるプロゲステロンとオキシトシンもなくなって、もう怒りを鎮めてはくれない。この夫婦は意見の不一致をどう解決するかというプロセスを学んだことがなかった。シルヴィアは始終ロバートにたてつき、たまりにたまった怒りを爆発させた。

次のセッションのとき、ロバートだけが悪いのではないことが明らかになった。彼は彼なりに、それほど激しくはないにしても人生の転機を迎えていた。だが家を出たいというシルヴィアの気持ちは変わらなかった。どちらもまだ、彼女の脳の現実が変化していること、二人の関係すべてにかんするルールが書きなおされていることに気づいていなかった。調査では、結婚生活が不幸な女性ほど閉経期に暗い気分になり病気になりやすいという。女性たちはホルモンの霧が晴れて、子どもたちが巣立つと、自分はそれまで考えていたよりももっと不幸だと思う。そして不幸の原因はすべて夫に被せられることが多い。たしかにロバートにたいするシルヴィアの不満は無理もなかった。だが彼女の不幸の根本原因はまだはっきりしなかった。

次の週、シルヴィアは娘にこう言われたと報告した。

「ママは変よ。パパは怖がっているわ。三〇年近くも妻だった女性と違うって。ママがなにかとんでもないことをしないかと心配しているわよ――たとえばお金を全部もち逃げするとか」

シルヴィアは異常ではなかったし、夫婦の貯えをもち逃げするつもりもなかったが、以前と同じ女性でないことは確かだった。彼女は一度、夫がこう叫んだと言った。

「おまえはだれだ、わたしの妻はどこへいったんだ?」

たくさんの脳の回路がとつぜん閉鎖され、同じくとつぜんにシルヴィアは夫婦関係のルールを変更したのだ。そして、こういう場合によくあるように、だれもそのことをロバートに教えてはくれなかった。

男性は老いて体型が崩れた閉経後の妻を捨て、若くてほっそりしていて受胎力のある女性に乗りかえる、と一般には信じられている。だが、これは事実とはほど遠い。統計数字を見ると、五五歳以上の離婚の六五パーセントは、妻側が言いだしている。わたしは、女性から言いだされる離婚の多くは、閉経後の女性が見る現実の劇的な変化に起因するのではないかと思っている(ただし、彼女たちは扱いにくかったり浮気者だったりする夫にうんざりしていて、子どもたちが巣立つのを待っていただけ、とも考えられる)。女性にとって重要だったこと――つながり、ひとから認めてもらうこと、子ども、家族の安定――は、もう最優先事項ではなくなった。そして彼女たちが見る人生の現実を変えたのは、女性の脳で起こった化学的な変化である。

ホルモンが変化してあなたの現実を乗っとる時期には、いま感じている衝動はほんものか、ホルモンによって引き起こされただけではないか、とよくよく見なおすことがたいせつだ。月経前にエストロゲンとプロゲステロンが低下しただけで、自分はでぶでブスで価値のない人間だと信じこむし、生殖ホルモンが消えただけで、自分がこんなに惨めなのはすべて夫が悪いと信じてしまうことがある。たしかに夫が原因かもしれないが、そうでないかもしれない。

わたしとの話しあいでシルヴィアが学んだとおり、感情や現実の変化の底にある生物学的な理由を多少とも理解できれば、夫と話しあうこともできるし、彼も変わるかもしれない。この教育プロセスは時間がかかる。「変化」が起こる前にはじめておくのがベストだ。

◆だれが夕食をつくるか?

八月に休みをとったわたしが復帰すると、シルヴィアはやっぱり離婚しようと思うと言った。事実、わたしが留守のあいだに彼女は家を出ていた。彼女の友人たちはもう新しい男性を紹介しはじめているという。だが、そんな男性たちもロバートと同様にうっとうしいことに気づくのに、時間はかからなかった。彼女はすぐに、年配の男性は「財布つきの家政婦」――経済力があって、これから生涯自分の世話をしてくれる女性――を求めていることを知った。これは彼女にとってはそうとうにショックだった。自分が若いころに男性に求めていたものと同じだったのだ。当時、彼女が望んだのは、自分の世話をしてくれて、お金を運んでくれる男性だった。しかしいまではそんなことは考えてもいない。

シルヴィアはそれでも、ともに老いることのできる「完璧な男性」、平等なパートナー、ソウルメイト、話が通じて人生の喜びを分かちあえる相手が見つかるのではないかと希望をもっていた。しかしデートした多くの男性が元妻に期待していたような、身のまわりの世話や買い物や料理や洗濯、掃除を求められるのはいやだった。彼女の言葉を借りれば、家政婦になるつもりはなかったし、自分の財布を盗まれるのもごめんだった。「それくらいなら、一人のほうがいいわ」と彼女は言った。どのみち、つきあってて楽しい、親しい友だちはもうたくさんいた。これからはロバートとの口論で経験したような心理的ストレスから解放されて暮らしたい、と彼女は思った。

閉経後、人の世話やめんどうを見たいという気持ちが低下したとき、すべての女性がほっとするわけでもない。エストロゲン低下で起こるオキシトシン減少の影響はまだ十分な調査は進んでいないが、実際に行動の変化を引き起こすようだという見方がある。しかしほとんどの女性はそれに気づいたとしても、ぼんやりとしかわからない。

たとえばクリニックにくるマーシャは六一歳だが、家族や友人、子どもたちの困りごとや要求にあまり関心がなくなり、めんどうを見たいという気持ちも減ったと認めた。夫はどうして最近は自分で夕食の支度をさせられることが多くなったのか、と不思議がったが、めんどう見が悪くなったとくに不満を言う者はいなかった。変化は主としてマーシャ自身が感じていたのだ。だが新たに発見した気分的な自立は悪くない、と彼女は思っていた。大好きな系図調査のような一人遊びで時間を過ごすことが多くなった。四年前に生理はなくなっていた。だが性器の乾き、寝汗、浅い眠りなどのために、エストロゲン・ピルを服用することになった。

エストロゲン・セラピーをはじめて三カ月目、マーシャの世話焼き本能が戻ってきた。そのとき初めて、彼女は自分がこの四年間にどれほど劇的に変化していたのかに気づいた。彼女はたったひとつのピルで――失ったことを漠然としか知らなかった――以前の自分が戻ってきたことに衝撃を覚えたと言った。エストロゲン・セラピーは彼女の脳を刺激し、再びオキシトシン・レベルを押しあげ、親切な行動パターンを取り戻す引き金となって、夫を安堵させた。

女性が以前に安定したストレス反応を経験したのは、ホルモンが低水準で安定していた子ども時代か、視床下部で脈打つ細胞がおとなしくなりストレス反応が低く抑えられていた妊娠中だった。閉経してホルモンがなくなってから一〇年たつ患者の一人は、性的衝動は落ちたものの、旅行中に夫とケンカしなくなったと語った。それまで旅行は彼女にとってストレスだったが、飛行機の出発時刻にあわせて早起きして知らない場所に行くのが急に楽しくなったという。荷づくりまでが嬉しく、ストレスが消えると旅行中の夫婦ゲンカもなくなった。

家を出てまもなく、シルヴィアは気分の揺れや苛立ちが消えたことに気づいた。幼稚園教諭や保護者を相手に仕事をしていると、以前からなりたいと思っていた自分になれた気がする、と彼女は語った。一人で昔の映画を見たり、ゆっくりとバブルバスに浸かったり、新しいアトリエで遅くまで絵を描く夜が楽しみになった。子どもたちから電話がかかると喜んで話をしたが、子どもたちの問題を解決してやらなくてはと思ったり、おろおろしたり、際限のない助言を浴びせようとはしなくなった。初めのうちは、気分のむらや苛立ちが減ったのは、人生最大の問題が――うまくいかない結婚生活が――消えたからか、と思っていた。だが同時にほてりもほとんど消えて、またよく眠れるようになったことに気づいた。

ロバートと別居して六カ月後にシルヴィアがやってきたとき、わたしは、気分が安定したのは夫がいないせいだけだろうか、新しいホルモンの状態に慣れたためではないか、と穏やかに尋ねた。シルヴィアは苛立つことも減ったといい、このセッションのときには、子どもたちや自分の暮らしについて話しあう相手がいない一人暮らしは寂しい、とまで言った。わたしはロバートが懐かしいのではないかと示唆し、話しあって新しいルールをつくって一緒に過ごすようにしたら、二人の関係ももっと安定したものになるかもしれませんよ、と助言した。

◆自分の仕事で満たされる

閉経したといっても、女性の脳は引退する気配はどこにもない。実際のところ、多くの女性の人生は頂点をきわめようとしている。子育ての重荷が減り、圧倒的な場を占領していたママの脳が後退するこの時期は、とてもエキサイティングで知的になりうる。女性の個性やアイデンティティー、満足感のなかで仕事が占める割合も、ママの脳に占拠される前のように大きくなるだろう。シルヴィアは社会福祉の修士課程に入学を認められたとき、人生で最高に幸せな瞬間のひとつだと感じた。このような達成感は、大学を卒業して結婚し、子どもをもって以来だった。

実際、この人生の過渡期にあたって、達成感のある仕事は女性の幸福に不可欠かもしれない。調査によると、この時期に発展性のあるキャリアをもっている女性は、仕事を続けているだけ、あるいは仕事面での発展性を失った女性よりも、仕事が自分にとって中心的な存在だと見る傾向が強い。さらに五〇代、六〇代で発展性のあるキャリアをもっている女性は、自己受容、自立心、きびきび働いているかなどの面で、ほかの女性より得点が高い。閉経後も人生はまだまだこれからで、仕事に――どんな仕事であれ――情熱的に取り組んでいると、女性は満たされた気分で元気よくいられるのである。

◆夫婦のルールを書きかえる

エディスは精神科医の夫がリタイアに向けて仕事を減らしたときに、わたしのところへやってきた。二人はこれまでだいたいにおいてよい関係だったが、いまのエディスには、自分のスペースに侵入しつづけ、二四時間の奉仕を要求する夫しか想像できなかった。すっかり落ちこんだ彼女は不眠症になった。しかも、彼女の予想は当たっていた。在宅中、夫は「ランチは？　サラミを買っておいたか？　ぼくの道具箱を動かしたのはだれだ？　まだ皿洗いをしないのか？　もう一時間も流しにほうってあるじゃないか」などといちいちまくしたてはじめた。忙しくて買い物に行けなかった、と言うと、夫は「忙しいってなにが？」と聞き返す。

エディスは、母親の高齢の友人の世話もしていた。それに火曜日には孫たちのめんどうを見ている。定例のブリッジの会もあるし、ランチの約束もあるし、読書会にも入っている。彼女には彼女なりのたいせつな用事があって忙しかった。自由でいたかった。夫のほうは、妻が自分にろくに関心を向けず、自分自身の人生を謳歌していることに仰天した。

じつはこのような行動の変化は、わたしが会った六五歳以上の女性たちのほとんどに共通している。大半はエディスのように落ちこみ、不安で眠れなくて、わたしのところへ相談にくる。話していると、前年に夫が退職したことがわかる。彼女たちは自分自身の仕事や活動から引き離されて、葛藤と怒りを感じ、これからの一生をこんなふうに送りたくない、と思っている。たとえ基本的には夫婦関係が悪くなかったとしても、自由を失うのではないかと恐れている。そして、なぜか多くの女性は、結婚という暗黙の契約について交渉しなおすことは不可能だと考える。

「もちろん、可能ですよ」とわたしは言う。

「だって、あなたの人生がかかっているんですよ」

夫との一カ月の休暇旅行のあと、クリニックを訪れたエディスは満面に笑みを浮かべてこう言った。

「やりましたよ！　夫はわたしのじゃまをしないと約束しました」

二人はこれからの人生のために、話しあって二人のルールを変えたのだ。

◆閉経後の脳を守る

脳内のホルモン、それもわたしたち女性を女性たらしめているもののひとつだ。燃料として女性特有の脳の回路を活動させ、その結果、女性特有の行動やスキルが生まれる。それでは閉経して燃料のホルモンがなくなったら、女性の脳には何が起こるのか？　エストロゲンに依存していた脳の細胞も回路も神経伝達物質もまもなくしぼむ。

カナダの研究者バーバラ・シャーウィンは、卵巣摘出直後にエストロゲン補充療法を受けた女性は以前の記憶力を保持していたが、そうでなかった女性はすぐにエストロゲンを与えられない限り、言語記憶が低下したと報告している。ホルモン補充療法によって閉経前に近いレベルの記憶力が維持されるが、しかしそれも摘出手術直後あるいは早めにはじめなければならない。どうやらエストロゲンが脳を保護する力を最大限に発揮するチャンスの窓は短期間しか開いていないようだ。

エストロゲンの保護効果は脳の多くの面に及ぶらしく、とくに脳内血管のミトコンドリア――細胞のエネルギー・センター――にまで効き目があるという。

カリフォルニア大学アーバイン校の研究者たちは、エストロゲン療法によってミトコンドリアの効率が上昇することを発見し、閉経前の女性が同年齢の男性に比べて脳の発作を起こす確率が低いのはたぶんこのためだろうと述べている。

またエール大学では、閉経後の女性たちに二一日間エストロゲンと偽薬を与え、その後に記憶力を要する作業中の脳を調べている。エストロゲンを投与された女性たちの脳は若い女性たちと同じパターンを示したが、投与されなかった女性たちのほうは、より年老いた女性たちのパターンと同じだった。

また閉経後の脳の容量を調べたほかの研究によれば、エストロゲンは特定部位を保護するらしいという。エストロゲンを摂取していた女性は、意志決定、判断、集中、言語処理、聴覚能力、感情処理をつかさどる領域の萎縮が少なかったのである。

エストロゲンに女性の脳の機能を保護する効果があると見られることもひとつの理由となって、研究者たちは二〇〇二年に行われたウィメンズ・ヘルス・イニシアチブ（ＷＨＩ）という大規模臨床試験の結果を注意深く見なおしている。この臨床試験では、閉経後一三年たってからエストロゲンを摂取した女性たちには脳の保護効果が現れなかった。研究者たちは現在、閉経後エストロゲンが投与されなかった期間が五、六年以上あると、心臓や脳、血管でエストロゲンの予防効果が発揮される機会が失われることを明らかにしている。脳の機能を保護するにはとくに初期のエストロゲン療法が重要なようだ。

多くの女性は、数年前に医師たちから聞いたホルモン補充療法の話とＷＨＩの結果にもとづく見解とが矛盾しているので、戸惑い、裏切られたと感じている。わたし自身――医師として、また閉経後の女性として――苦境に立たされている。いつどのようにホルモン補充療法を開始するか、またいずれは補充療法を中止するのか、中止するならいつがいいのかということは、患者にとっても医師にとっても急を要する重大な問題として残されている。

しかしさらに新しい研究の結果が出るまでは、個人個人が――食事療法、ホルモン療法、さまざまな活動、運動、適切な治療、それに豊かな情報をもったホルモン療法専門家による定期的な助言など――自分なりの方法を見つけなければならない。わたしは閉経期の来院者の一人ひとりと遺伝的な家系、ライフスタイル、症状、健康問題、それにホルモン療法のリスクと効果について徹底的に話しあうことにしている。

◆おばあちゃんの重要な役割

閉経期の波乱とホルモンの変化にもかかわらず、大半の女性はたとえエストロゲンの助けがなくても、その後の時期をきわめて元気に、賢明に、有能に過ごしている。すべての女性がホルモン療法を必要とするわけでも、望むわけでもない。自然な老化のプロセスが女性の脳の機能に影響しはじめるのは、ふつうは閉経後何十年もたってからだ。男性と女性では脳の老化のようすは異なっていて、男性のほうが女性よりも早く皮質の機能の多くを失う。

閉経後の身体や脳の反応は一人ひとり異なるが、多くの女性はこの時期、以前より自由に自分らしい人生が送れるようになる。さまざまな衝動によって混乱したり興奮したりすることも少なくなる。安定した給料に生活がかかっているわけではなく、自分の感情を偽って得られる利益は減り、むしろ正直に自分なりの情熱にしたがって生きるほうがよくなるからだ。他者を助け、世の中の重大な問題の解決に力を尽くそうとして、女性たちはますます元気になる。

さらにこの時期にはおばあちゃんになることが新しい純粋な喜びを与えてくれる。人生は最高の喜びをあとにとっておいてくれるのかもしれない。たとえばわたしのクリニックにくるデニスは六〇歳。つねに自立した女性としてマーケティング業界でキャリアを築きつつ、二人の子どもを育てあげた。彼女の娘が初めて出産したとき、初孫がこれほどかわいいなんてまったく予期していなかったとデニスは語った。「もう完全に足をさらわれましたよ」と彼女は言う。

「ぜんぜん予想もしていませんでした。わたしの人生はほんとうにいろいろなことで充実しているというのに、どういうわけか、孫の顔だけはいくら見ていても見飽きないんです。それに、娘もいままでになかったくらい、自分の人生にわたしを受け入れてくれました。いま、娘はわたしを必要としているし、わたしも娘の役に立ってやりたいんです」

おばあちゃんが与えるとくべつのサポートは、女性がもはや子どもを産めない年齢になってから何十年も長生きするように人類が進化した理由のひとつかもしれない。

ユタ大学の人類学者クリステン・ホークスによれば、原始時代の人類が生きのびて人口を増やすことができたカギのひとつがおばあちゃんなのではないかという。ホークスは、石器時代、閉経後の元気な女性たちが追加の食料を集めたおかげで孫たちの生存率が上がったと主張する。おばあちゃんたちが食物を提供し手助けしたから、若い女性は短期間におおぜいの子どもを産むことができ、人類は多産になり、繁殖に成功した。典型的な狩猟採集社会の寿命は四〇歳未満だったとしても、成人女性の三分の一はこの寿命より長生きで、多くが六〇代、七〇代まで生産的な人生を送っただろう。

ホークスの調査によると、たとえばタンザニアの狩猟採集民族ハッザ族は、六〇代の働き者のおばあちゃんたちが若い母親たちよりも長時間、食物採集にせいをだして孫に食べ物を提供し、生存のチャンスを押しあげている。おばあちゃんたちの存在が発揮できる同様の効果は、ハンガリーのロマやインド、アフリカの民族にも見られる。事実、ガンビアの田舎では、父親よりもおばあちゃんがいるほうが子どもの生存率が上がることを人類学者が発見している。言いかえれば、世界じゅうどこでも、閉経後の女性にはおばあちゃんとして生命を維持する役割を演じる選択肢が開かれている。

◆人生をよりよいものに

一世紀前、閉経は比較的珍しい現象だった。一九世紀末から二〇世紀初めになっても、アメリカの女性の平均死亡年齢は四九歳――平均的な女性の月経終了の二年前である。

現在のアメリカの女性には閉経後何十年もの人生が残されている。しかし科学はこの人口動態的変化に十分追いついていない。わたしたちの閉経にかんする知識は比較的新しく、また不完全だ。だがかつては稀だったこの移行期をおおぜいの女性が経験するようになって、研究が急ピッチで進んではいる。

閉経後の長い歳月に向けた人生設計は、女性にとっては歴史の新しい選択肢だ。どんなプロジェクトを選んで取り組もうかとわくわくしながら想像するのは、新世紀の女性の最大の楽しみのひとつだろう。そのころには、女性たちは個人としても経済的にも力を蓄えているかもしれない。また幅広い知識をもとに、人生で初めて、かつては考えられなかったようなエキサイティングな選択肢が可能になっているかもしれない。友人で科学者のシンシア・ケニヨンは老化の分野の専門家だが、将来、女性は一二〇歳以上まで長生きするだろうと信じている。なんと長い人生だろう。

シルヴィアにとっては、閉経後を想像することはロバートを再発見することを意味した。ロバートと別れて二年後にわたしに会いにきたとき、彼女は、若いころの自分を取り戻し、ほんとうの自分を発見して嬉しかったが、年上の男性たちとのデートですっかり幻滅して、ロバートを懐かしく思っていることに気づいた、と語った。ロバートとしか話しあえない話題——すばらしい子どもたちのことを含め——というものがあった。

あるときロバートに夕食に誘われて、シルヴィアは応じることに決めた。二人は洒落たレストランで会い、何がうまくいかなかったのかを静かに語りあい、相手に不幸な思いをさせたことを互いに詫びた。また、新しい経験――シルヴィアの仕事や絵、ロバートが新しく関心をもったアンティーク、それにそれぞれのデートのおもしろおかしいエピソードなど――についての近況報告をした。そのうちに二人は互いへの友情と尊敬を再発見し、自分たちにはすでにソウルメイトがいることに気づいた。彼らに必要だったのは、契約書を書きかえることだけだったのだ。

熟年女性の脳はまだ比較的知られていない分野だが、女性が将来の世代のために前向きに発見し、創造し、貢献し、導くスペースが大きく開かれている領域でもある。それに、女性たちには人生で最も楽しい時期が待っているのかもしれない。閉経後の歳月とは、男女ともにお互いの関係や役割について見なおし、それぞれにまた手を携えて新たな課題や冒険に取り組むチャンスでもあるだろう。

わたし自身、息子を育て、仕事に情熱を燃やし、それに最後にソウルメイトを発見できた自分の人生に深く感謝している。これまでの闘いにはもちろん苦しみもあったが、苦労は最大の教師でもあった。この本を書こうと決めたのは、同じような道を歩む女性たち、そして生物学的な身体が自分の現実にどんな影響を及ぼしているかを理解したいと考えている女性たちと、わたしが持っている女性の脳の働きにかんする知識を分かちあいたかったからだ。

わたし自身、人生の波乱の時代に自分の脳についてもっとくわしく知っていたら、きっと役に立っただろうと思う。人生の各段階で自分の脳がどうなっているかを把握できれば、自分の世界をもっとよく理解できるはずだ。自分がもっている女性脳の力をどう活用するかを学べば、もっともっとこうありたいと思う女性になれるだろう。

閉経後の女性としてわたしは、自分が出会う少女たち女性たちの人生をもっとよいものにしたい、と以前にも増して強く決意しているし、いろいろな発見を楽しみにしている。もちろんわたし自身、角を曲がった先に何があるのかは見えない——だが、これからの何十年かは希望に満ち、情熱的な、そして外向き傾向の日々になるだろうと考えている。女性の脳がたどる不思議な旅の途上で、本書で描いたマップがみなさんのお役に立つことを願っている。

エピローグ　女性の脳の未来

　本書の執筆によって学んだことをひとつみなさんにお知らせするとすれば、自分の生物学的な働きを理解することはよりよい未来への計画を立てる力になる、ということだ。おおぜいの女性が生殖をコントロールし、経済的自立を獲得している現在、わたしたちはこの先の道に向けた青写真をつくることができる。これは社会的にも、またパートナーやキャリア、出産育児のタイミングなど個人的な選択についても、革命的な変化が起こったことを意味している。

　女性はいま二〇代を教育とキャリアの確立に費やしているから、キャリア・ウーマンの多くが生物学的な時計を先にのばして、三〇代半ばから後半、さらには四〇代初めで出産する。たぶん三〇代半ばの読者の大半はまだキャリアの樹立に忙しく、ともに家庭を築く男性を見つけていないだろう。しかしそれはまずい選択をしたということではない。むしろ女性の人生の各段階が劇的に拡大されたということだ。

　近代のヨーロッパでは、女性は一六歳から一七歳で受胎能力ができ、二〇代後半ですでに最後の出産を終えていた。ママの脳が威力を発揮できる時期、現代の女性たちはキャリア展開の真っ最中だから、脳の回路に過負荷がかかって、綱引き状態に陥るのは避けられない。次に女性たちは、まだ幼児や学齢前の子どもを抱えて、家事に追われながら、閉経前後や閉経の大波に直面する。同時にキャリア・ウーマンとして忙しい仕事もこなさなければならない。三〇代半ばに出産の可能性とキャリアについて、カウンセリングを受けなかった女性は、四〇代半ばになって、いま閉経なんかしていられないと言いにクリニックへやってくるだろう。ホルモンの調子が狂って気分が変動して惨めになったり、記憶力や集中力が低下しては困るのだ。

以上のことがらは、女性の脳の生物学的見地から見るとどうなるのか？　女性は母親業とキャリアを両立しようとすべきではない、ということではない。ただ女性は一〇代のころからたくさんのボールを空中に投げあげて操っている。そのボールの一つひとつがきちんと見えれば役に立つだろう、ということだ。だれも人生の曲がり角の先まで見通して、必要なあらゆるサポートを予想することはできない。だが各段階でわたしたちの脳に何が起こっているかを理解すれば、運命をコントロールするための大事な一歩を踏みだせる。現代のわたしたちの課題は、女性本来の能力やニーズをもっとよくサポートできる社会をつくることなのである。

わたしはこの本を書くことにより、人生の各節目を通過する女性たちの力になりたいと考えた。節目の変化は非常に大きく、事実、それにともなって女性たちの現実認識や価値観、関心の対象までが変化する。わたしたちの人生が脳の化学作用によってどうかたちづくられているかが理解できれば、将来の道筋ももっとよく見えてくるだろう。未来を描いて計画を立てることはたいせつだ。本書が女性の現実のマッピングに役立つことを願っている。

男性と女性は同じだと思いたがるひとたちもいる。一九七〇年代、カリフォルニア大学バークレー校の、若い女性たちの合言葉は「ユニセックスは当然」だった。性差についてふれることすら、政治的に正しくないというのである。いまでも女性の平等のためにはユニセックスが規範であるべきだと考えているひとがいる。

しかし生物学的現実からして、ユニセックスの脳はありえない。性差にもとづく差別への不安は根深く、女性が男性との平等を主張できなくなるかもしれないという恐れから、性差にかんする推定を科学的に検証できない状態が長年続いてきた。しかし女性と男性は同じだと装うのは、男性にとっても女性にとっても有害で、結局は女性を傷つける。男性が規範だという神話をはびこらせれば、女性の現実や疾病の重篤度、かかりやすさ、治療についての生物学的相違を無視することになる。さらに男女の思考プロセスの違い、したがって何を重要視するかについての違いも無視してしまう。

男性を規範とすることは、女性の脳特有の力や強さや才能を過小評価することでもある。これまでの仕事社会では、主として女性のほうが文化的、言語的に適応することを強いられてきた。わたしたちは男性社会に合わせるために苦労してきた――結局のところ、女性の脳のほうが変化しやすい仕組みになっているからだ。

わたしは本書が――わたしたち自身にも、夫、父親、息子、男性の同僚、友人たちにとっても――女性の心と生物学的行動にかんするよいガイドブックとなることを願っている。本書の情報は女性の世界を理解しようとする男性にも役立つだろう。

わたしがクリニックで会ってきた女性のほとんどが、妖精のゴッドマザーが魔法の杖を振って三つの願いをかなえてくれると言ったら何を頼みますかと聞くと、「楽しい人生、満たされた人間関係、そしてストレスの少ない個人的な時間を増やすこと」と答える。

わたしたち現代女性の生活では――キャリアと、家庭や家事の主たる責任者であることの二重の負担があるために――これらの目標はとりわけ達成しにくい。わたしたちは仕事と家庭を両立させようとするストレスで疲れはてている。女性のうつと不安障害のおもな原因はストレスなのだ。

わたしたちの生活につきまとう最大の謎のひとつは、なぜわたしたち女性は、女性の脳の本来の仕組みと生物学的現実に反して運用されることの多い、いまのような社会契約に唯々諾々と従っているのかということだ。

一九九〇年代から二一世紀の初めにかけて、女性の脳にかんする新たな科学的事実や考え方が提示されてきた。これらの生物学的事実は、女性に社会契約を見直させる力強い契機になっている。本書の執筆にあたって、わたしは自分の頭のなかの二つの声――ひとつは科学的事実、もうひとつは政治的公正――の板ばさみになった。だがわたしは、つねに歓迎されるとは限らなくても、科学的事実を政治的公正より優先させることを選んだ。

クリニックを開業して以来、わたしは数千人の女性と会ってきた。彼女たちは子ども時代、一〇代、キャリアの決断、配偶者の選択、セックス、母性、閉経について、最もプライベートなことまでくわしく話してくれた。女性の脳の仕組みは何百万年ものあいだ、あまり変わっていないが、現代女性の人生のそれぞれの節目における課題は祖先のそれとは大きく変化している。

いまでは男性の脳と女性の脳の相違は科学的に明らかになっているが、これはいろいろな意味で女性にとって、いわばペリクレスの黄金時代のようなものだ。アリストテレスやソクラテス、プラトンが出現したペリクレスの時代に、西欧は歴史上初めて、男性が知的、科学的な活動にいそしむだけの物質的余裕を獲得した。二一世紀には歴史上初めて、女性がこれと同じ位置に立つことができたのである。わたしたちは自分の生殖活動にかつてなかったほど重要な支配力を得たのみならず、ネットワーク経済で経済的自立の手段も手に入れた。女性の生殖にかんする科学の進歩は、わたしたちに多くの選択肢を開いてくれた。

わたしたちはいま長い人生のなかで、いつ、どんなふうに母親となるか、あるいはならないかを選ぶことができる。わたしたちはもう経済的に男性に依存してはいないし、技術の進歩のおかげで、同じとき同じ場所で職業と家事を切りかえつつ柔軟に遂行することもできるようになった。これらの選択肢はわたしたちに、女性の脳を使う職業人として、親として、個人としての人生を切りひらく新しいパラダイムを生みだす可能性というプレゼントを与えてくれた。

わたしたちは女性の生物学的現実にかんする意識革命の只中にあるが、この意識革命は人類社会を変えるだろう。それがどのような変化であるかを正確に予言することはできないが、たぶん壮大なスケールで、わたしたちが起こすべき変革について、より考えを深める傾向に変わるのではないかと思う。わたしたちみんなの現実認識の総和が外部的な現実であるとするなら、その外部的現実は現実にたいする支配的な見方が変化したときに初めて変わるだろう。女性の脳がどう機能し、現実をどう認識し、感情に反応し、他者の感情を読みとり、他者を慈しみ世話するか、その背後にある科学的事実が女性の現実だ。

女性が能力を十分に発揮し、脳がもつ生まれつきの才能を活用するためには何が必要か、科学的に明らかになってきている。その女性のニーズに配慮した新しい社会契約を主張することは、女性にとっては生物学的な責務である。わたしたちの将来と子どもたちの将来がそれにかかっているのだから。

付録1

女性の脳とホルモン療法

二〇〇二年に行われたウィメンズ・ヘルス・イニシアチブ（ＷＨＩ）とウィメンズ・ヘルス・イニシアチブ・メモリー・スタディーズ（ＷＨＩＭＳ）によると、六四歳以上から開始して六年間、ある種のホルモン療法を受けた女性たちで、乳がん、脳卒中、認知症のリスクがわずかに上昇したという。

この臨床試験以後、女性のホルモン療法はすっかり混乱した。医師たちは女性患者にたいするホルモン療法の説明を、それまでよりも大幅に後退させた。そして何を信じていいのかわからなくなった医師や女性たちは裏切られたと感じている。

依然として大きな問題が残っている。閉経期からそれ以降にホルモンを補充するのはいいことなのか、悪いことなのか。女性たちは知りたがっている。自分の場合は、リスクよりも効果のほうが大きいだろうか？

ＷＨＩの被験者となった女性の平均年齢は六四歳で、閉経後の一三年間、どんなホルモンも摂取していなかった。それでは、この臨床試験の結果はたとえばいま五一歳、閉経期の真っ最中で、非常に調子のよくない女性にあてはまるのか？　六〇代の女性で、ときどき中断しつつホルモン療法を受けている場合は？　女性たちは問いかける。わたしの脳はエストロゲンの消滅に適応できるのか？　ホルモン療法を受けないとわたしの脳細胞は守られないのか？

ＷＨＩはホルモン療法と女性の脳の保護にかんする疑問に答えを出すように設計されたわけではないので、エストロゲンが脳に及ぼす効果を直接調べたほかの研究にあたってみなければならない。

エストロゲンが脳の細胞と機能に及ぼす影響は、実験動物のげっ歯類および霊長類のメスについてくわしく調べられている。これらの研究によれば、エストロゲンが脳細胞の生存、成長、再生を促進させることは明らかだ。また女性にかんするべつの研究でも、加齢の途上でエストロゲンが神経細胞の成長と脳の機能維持に多くの好影響を及ぼすらしいことがわかっている。

これらの研究では閉経後ホルモン療法を受けた女性と受けなかった女性を、脳の画像を撮影して調べているが、ホルモン療法を受けている女性は以下の領域で通常の加齢にともなう萎縮が回避されているという――前頭前皮質（意志決定と判断の場）、頭頂葉皮質（言語処理と聴覚機能の場）、側頭葉（ある種の感情処理の場）。これらの前向きな研究成果からして、多くの科学者は現在、ＷＨＩとＷＨＩＭＳの結果とは一致しないが、ホルモン療法は加齢による衰えから脳を守る効果があると考えるべきだと見ている。

ところで、閉経直後の五一歳くらいからホルモンを摂取した女性について、エストロゲン療法が脳に及ぼす効果を調べた長期的な研究がないことに留意するべきである。二〇〇五年にはじまったKEEPS（The Kronos Early Estrogen Prevention Study）は、エール大学のフレッド・ナフトリンらが閉経期の四二歳から五八歳までの女性についてホルモン療法の効果を調べようとしているもので、結果が出るのは二〇一〇年以降になる。それまで、わたしたちが決断するのに役立つ情報はWHIとWHIMS以外にどんなものがあるだろうか？

ホルモン療法を評価したものとしては、BLSA（Baltimore Longitudinal Study of Aging）がある。一九五八年にアメリカではじまった人間の老化にかんする最も長期にわたる研究で、ホルモン療法が脳に多くの好影響を与えることを明らかにしている。この研究によれば、ホルモン療法を受けた女性は視床下部やその他の言語記憶にかかわる脳の領域の血流が大きく増加した。またこれらの女性は言語記憶や視覚記憶を調べるテストでも、ホルモン療法を受けたことのない女性たちより高得点をとった。またホルモン療法は――プロゲステロンを含むものも含まないものも――脳組織の構造を保護し、加齢にともなう通常の萎縮を防ぐ効果があった。

男女とも脳の領域のなかには、幼いころの成長の度合いが違うように、比較的老いが早い部分と遅い部分がある。加齢によって男性の脳は女性の脳より早く萎縮することもわかっている。とくに海馬や意志決定の速度を上げる前頭葉の白質、顔の認識にかかわる紡錘状回《ぼうすいじょうかい》などでその傾向が強い。

UCLAの研究では、エストロゲン療法を受けている閉経後の女性はうつや怒りが少なく、言語能力や聴覚機能、作業記憶などを検査すると、エストロゲンを摂取していない閉経後の女性よりも優れていること、また男性よりも優れていることがわかった。

一方、イリノイ大学の研究者たちは、ホルモン療法を受けたことがない女性たちは受けた女性たちに比べて脳全体の萎縮が進んでいることを明らかにしている。さらにホルモン療法の期間が長いほど、灰白質あるいは脳細胞の容量が大きいことがわかった。これらのプラス効果はホルモン療法の期間が長くても維持され、さらには増大している。

もちろん女性は一人ひとりべつべつで、脳も男性と比べて違うだけではなく、ほかの女性たちとも異なる。この相違が個人間の脳の比較研究を難しくしている。この困難を回避する方法のひとつが一卵性双生児を調べることだ。

スウェーデンの研究で、六五歳から八四歳までの閉経後の双子の女性を対象に、長年にわたりホルモン療法を受けた場合と受けなかった場合を調べたものがある。この研究によるとホルモン療法を受けた女性は言語能力、作業記憶のテストで、受けなかった双子姉妹よりも好成績だった。それどころかホルモン療法を受けた女性は、ホルモン療法のタイプや時期にかかわらず、認知障害が四〇パーセントの割合で少なかった。

カナダのバーバラ・シャーウィンも、エストロゲンが閉経後および子宮摘出後の女性の脳に及ぼす影響を二五年以上にわたり調べている。彼女の研究によると、子宮摘出直後からエストロゲン補充療法を受けた健康な四五歳の女性たちの場合、言語記憶が守られる効果があることがわかった。しかし手術による閉経が起こってから何年もたった年配の女性には効果は見られなかった。

これらの結果からすると、閉経後にエストロゲン補充療法をはじめる重要なタイミングというものがあるようだ。シャーウィンは、ＷＨＩＭＳでホルモン療法が認知機能の老化にたいして保護効果を上げなかったのには、こうした要素が働いているのではないかと考えている。

ホルモン療法には脳を保護する効果があるという最近の研究と、これに反するＷＨＩおよびＷＨＩＭＳの結果から、閉経後のホルモン療法と女性の脳にかんする議論の現在の争点が浮き彫りになる。

よく出される質問

Q 閉経すると、わたしの脳はどうなるのか?

閉経そのものは理論的には二四時間で終わる——最後の生理から一二カ月目の一日だ。その翌日から閉経後の期間がはじまる。この一日までの十二カ月がいわゆる閉経期の最後の一年ということになる。女性の脳は四二歳から四五歳くらいで閉経の最初の段階がはじまり、それが閉経までの二年から九年続く。この時期になんらかの理由で脳のエストロゲンにたいする感度が低下しはじめる。ぴったりと調子が合っていた卵巣と脳の対話が乱れだす。月経周期を律していた生物学的時計もあてにならなくなる。この感度の変化によって月経周期のタイミングが変わり、月経が一日か二日早くなる。また経血量も変化する。脳のエストロゲン感度が下がると、卵巣はそれを補おうとして月によってはさらに大量のエストロゲンをつくりだす。そうすると経血量が増える。また脳のエストロゲン感度低下はほてりから関節痛、不安、うつ、性欲の変化など、月によって年によって変わるさまざまな症状を引き起こすことがある。

閉経期の問題として、うつは驚くほど多い。アメリカ国立精神衛生研究所(NIMH)の研究者たちは、閉経期の女性たちはうつのリスクが通常の一四倍に上ることを明らかにした。閉経期の終わり、閉経の二年ほど前がとくにリスクが高い。どうして、そうなるのか？

エストロゲンの変化が最大になると、エストロゲンに支えられていた神経伝達物質と脳細胞――たとえばセロトニン細胞――が阻害される。この閉経期うつは、軽ければエストロゲン補充療法だけで治療できる場合がある。要するに閉経期は脳のエストロゲンおよびストレス感度が変化するので、気分の不安定や苛立ちにたいしてもろくなるのだ。それまでうつを経験したことがない女性でも、いきなりうつになるかもしれない。

べつに何かが起こったわけでもないのに人生に喜びが感じられなくなるのは、脳のエストロゲンが低下して、そのために気分を高揚させるセロトニンやノルエピネフリン、ドーパミンも減ったせいかもしれない。苛立ち、集中力低下、疲労感などはエストロゲン減少によって引き起こされ、不眠によって悪化する。

閉経期の多くの女性にとって大きな問題は――ほてりがある場合もない場合も――睡眠だ。適切な眠りがとれないのは人生のどんな時期でも健康ではないが、四〇歳を越えると問題はとくに深刻になる。脳をリフレッシュするために、睡眠は欠かせない。残念ながら閉経期のエストロゲンの乱れによって、女性の脳の睡眠時計が狂う可能性がある。何日も眠れないとなれば集中力も下がる。それにいつもより衝動的になったり、言わなければよかったと思うようなことを苛立って口走るかもしれない。だからこの時期には人間関係を守るために口をつつしんだほうがいいだろう。

わたしの経験では、このような閉経期の症状はすべて、ふつうはエストロゲンと抗うつ剤、運動、食事療法、睡眠、それに支持的治療と認知療法で解決する。

閉経すると、女性の脳は低エストロゲンへの適応を開始する。ほとんどの女性は閉経期の困った症状が薄れるが、残念ながら一パーセントくらいの女性はさらに五年からそれ以上、悩まされることになる。このひとたちは疲労、気分の変動、不眠、「頭に霧がかかったような」状態、記憶力の低下などを経験する。また一五パーセント以上の女性は閉経後一〇年、あるいはそれ以上もほてりを感じる。また一〇人に三人は気分の落ちこみやうつを感じる時期があり、八割は疲労感がある（とくに疲労を感じる女性は甲状腺の検査を受けたほうがいい）。一部には、短期記憶など加齢にともなう認知機能の低下は閉経後最初の五年にとくに速く進むという研究もある。

ほとんどの場合、子宮が徐々にリタイアするにつれて、女性の脳はエストロゲンの低下に慣れていく。しかし閉経前の女性が子宮と卵巣の摘出手術を受けると、移行期なしにいきなり閉経する。急にエストロゲンやテストステロンがなくなると、ほてりのほかにもエネルギーの低下、自尊感情の低下、性欲の低下、重い気分障害や睡眠パターンの変化などのさまざまな症状が発生する可能性がある。

子宮の全摘出手術を受けた女性の多くは、術後すぐに、あるいは術前からエストロゲン補充療法を受けるとこうした症状を回避することができる。バーバラ・シャーウィンの研究が示唆しているように、エストロゲンを使った早期治療は、子宮摘出後の記憶機能の低下を防ぐためにとくに重要だ。

Q 脳を守るためにホルモンを摂取すべきか？ 摂取する場合、どうすれば脳卒中、乳がんのリスクを下げられるか？

ほとんどの医師は現在、女性は閉経期の自分の症状を基準に判断すべきだと考えている。多くの女性にとってホルモン療法、とくに継続的なエストロゲン補充療法は気分を安定させ、集中力と記憶力を高めるのに役立つ。なかにはエストロゲン補充療法で機敏な心を取り戻し、以前のように頭の切れがよくなったと感じる女性もいる。だが、経血や生理痛、乳房の圧痛、体重増加などの不愉快な副作用のために治療を中止するひとたちもいる。

ではホルモン療法にかんするいまの最善のアドバイスは何か？

アメリカ食品医薬局は現在、更年期症状がある女性にはできるだけ短い期間、最小限のホルモンを摂取することを勧めている。研究者は少量なら安全だと考えているからだ。国際閉経学会（International Menopause Society）の理事会は、ＷＨＩとＷＨＩＭＳは閉経期の女性を対象とした研究ではないとして、閉経期の女性対象のホルモン療法の処方をやめたり、効果を上げている女性のホルモン療法を中断したりしないようにと、医師たちに勧告する声明を出している。

エール大学のフレッド・ナフトリンらアメリカの研究者のなかには、現在医師たちがエストロゲンの処方をしぶっているために、手遅れになって予防効果を活用できない女性たちが出るのではないか、と懸念している者もいる。彼は次のように述べている。

「したがって……これらの更年期症状はエストロゲン欠乏にたいする警告であり、時宜を得たエストロゲン補充療法の予防効果について検証する必要があることは明らかだ。わたしたちは更年期症状の合併症にたいするエストロゲンの予防効果について、現在のアメリカの状況を考えなおすべきであり、科学的な厳密さをそなえた（治療を）女性たちに提供しなければならない」

閉経して六年が過ぎたあとは予防効果が失われるので、ホルモン療法を行うべきではない、という研究がある。要するに女性はそれぞれ、自分の場合のホルモン療法のリスクと効果について専門医と相談すべきだ、ということだ。

三〇年の経験をもつホルモン療法の専門家ロジェリオ・ロボはこう言っている。

「ホルモンは適切に使用すれば、冠動脈疾患や乳がんのリスク増加の不安を大幅に緩和することができる。適切なホルモン治療とは、更年期症状をうったえる、比較的若くて健康な女性の治療、低量のホルモン投与、可能な場合にはエストロゲンのみの治療への切りかえなどを意味する」

生活の質が低下するような不快な症状に悩んでいるとしたら、脳が移行期をスムーズに通過できるように、数年はホルモン療法を受けることを考えてもいいかもしれない。

　これは倫理的な問題ではない。このホルモンの変動期に、自己のベストを維持するために医学的支援を必要とするおおぜいの女性たちの一人だからといって、あなたが弱い人間だということではない。また今日の決断のせいで、これから四〇年間、特定の治療を受けつづけなければならないということでもない。更年期を過ぎてもホルモン療法を続けようと思うかもしれないし、思わないかもしれない。定期的に新たな科学的発見や製品が世に出ているのだし、製薬会社は脳と骨に役立って乳がんや心臓、子宮、冠動脈疾患のリスクのないエストロゲン類似薬品を開発しようとしのぎを削っている。さらに――運動、ＳＳＲＩ、大豆、高たんぱく・低カロリーの食事、ビタミンＥ、複合ビタミンＢ、鍼、ストレス軽減、瞑想など――ホルモン以外の代替的な薬品や治療で大きな効果があるものもある。つねに情報収集を怠らず、一年ごとに自分の決定を見なおすことが賢明だ。

　ホルモン療法を受けようと決めたら、試行錯誤の期間があることは覚悟したほうがいい。反応はひとさまざまだから、いろいろな治療法を実地に試してみなければならない。

　ホルモン療法を行う医師のなかには、卵巣が産生するものと非常によく似たバイオアイデンティカル・ホルモンからはじめるというひともいる。なんらかの理由でこれがあまり効かなかったら、べつの種類のホルモンを検討すべきだ。合成ホルモンや貼付薬、錠剤、ジェル、注射、丸薬などがよく効く場合もある。それらに効果がなくても、あきらめる必要はない。今後、一、二年の症状を緩和するため、エフェクソール、ゾロフトなどのセロトニン関連の薬やプロザック、漢方薬、あるいは運動やリラクゼーション・セラピーなどを含め、ホルモンにかわる、あるいはホルモン療法に追加する医薬品や治療について医師と相談しよう。

とにかく、あなたの身体をいちばんよく知っているのはあなただ。自分の症状を指針にしよう。何より、つねに新しい研究成果が発表されているから、どんな治療を受けているにせよ、毎年、計画的に医師と相談して見なおしたほうがいい——誕生日がきたら医師に予約すると決めておけば、忘れなくていいだろう。

ＷＨＩとＷＨＩＭＳの被験者となってホルモン治療を受けた女性に脳卒中、認知症、心疾患が増加した大きな理由のひとつは、すでに血管が老化して詰まり気味だったところへエストロゲンを摂取したので——とくに被験者の多くは喫煙者だった——心臓や脳の血管の状態が悪化したためではないか、と見られている。

ホルモン治療を受ける決心をしたら、血圧を低く抑え、禁煙し、少なくとも週に一時間は呼吸が速くなるくらいの有酸素運動を欠かさず、コレステロールを低く抑え、できるだけ多くの野菜を食べ、ビタミンをとり、ストレスを軽減し、しっかりした社会的なサポートを獲得することだ。

じつは多くの女性がホルモン療法に抱く不安や、世界的に見たホルモン療法中止の理由のなかでは、脳の機能の衰えよりも体重増加のほうが大きい。

視床下部は食欲をコントロールしている。閉経期の変化の多くはこの部分で起こるので、食欲をコントロールする細胞がエストロゲンの低下によって阻害されるのではないかと見ている研究者もいる。体重増加がホルモン療法のせいかどうかを調べるために、ノルウェーの研究者は四五歳から六五歳までの一万人の女性を対象に、ホルモン療法を受けている場合と受けていない場合とを比較した。その結果、体重増加はホルモン療法と関連していないことがわかった。体重増加の原因は、女性の食事や運動量の変化（どちらも閉経で起こる視床下部の変化と関係があるかもしれない）だったのである。

ホルモン療法――エストロゲンとプロゲステロン

エストロゲンだけでプロゲステロンを使わないホルモン補充療法が適切なのは、子宮摘出を受けた女性だけである。これは子宮のある女性に処方されるプロゲステロンを含むホルモン療法とはべつものだ。この二つには重要な違いがある。プロゲステロンを使うホルモン療法は、がん細胞化する可能性がある子宮内膜をエストロゲンが肥厚させるのを防ぐ。プロゲステロンはエストロゲンと一緒に錠剤でとることも、プロゲステロンを放出する避妊リングや膣用のジェルでも摂取できる。

しかしプロゲステロンは女性の脳ではエストロゲンのプラスの効果を一部、相殺する働きがあるらしい。プロゲステロンは子宮内の好ましくない細胞成長を妨げるように、脳細胞の新しいつながりも阻害するようだ。この結果、プロゲステロンを含むホルモン療法が脳に及ぼす効果に疑問が生じる。子宮を摘出した女性がエストロゲンだけを摂取すれば、月経周期のなかでもいちばんよかったエストロゲンのプラスの効果を――プロゲステロンが引き起こす月経前症候群なしに、いつも――享受できる。

プロゲステロンはいやだが、子宮は残っているという女性は、定期的に子宮内膜掻爬《そうは》術か子宮鏡下内膜焼却術を受けることもできる。また毎年、膣超音波診断で子宮内膜が厚くなっていないかどうかを確認するとよい。最低量のエストロゲンを使ったホルモン療法を受けている女性は、ふつうは子宮があってもプロゲステロンを必要としない。

女性の脳の機能にそれとわかる自然な老化現象の影響が出てくるのは、閉経後何年もたってからである。記憶力の低下は、早いと五〇歳くらいから起こるが、ふつうは支障があるほどではない。ホルモン療法には記憶力低下の予防効果があるかもしれず、ないかもしれない。多くの老化プロセスには血流減少と身体の損傷修復機能の衰えが関係している。

現在、エストロゲンが脳の血管を健康に保つことは明らかになっている。カリフォルニア大学アーバイン校の研究者たちは、これはエストロゲンが脳の血管のミトコンドリアの効率を上昇させるためであることを発見した。閉経前の女性が同年齢の男性に比べて脳卒中のリスクが低いのは、たぶんこのためだと考えられる。

ペンシルベニア州ピッツバーグの小児病院の研究によると、損傷後の脳細胞の死滅にも性差があることがわかった。酸欠状態で脳細胞が生き残るのを助けるグルタチオンという分子が、女性だと脳損傷後も安定して残っていたのにたいし、男性は八〇パーセント以上も減少し、その結果、多くの脳細胞が死滅していた。性特有の生物学的パターンや経路が確立されているために、男性と女性の脳細胞は死滅のしかたが違っているのかもしれず、これは女性の寿命のほうが長いことと関連しているのかもしれない。

性差はほかの老化プロセスにも現れる。たとえばエストロゲンとプロゲステロンは、脳の各領域を結ぶケーブルの修復、維持に役立っているらしい。脳が老化し、身体がこれらの接続を修復できなくなると、白質が失われ、脳の情報処理や伝達のスピードが落ちるか停止する。その結果、老化した脳では一部の信号は弱くなり、経路やパターン、速度が変化する。

とくに速度の低下が目立つことが多いプロセスに、記憶の取り出しがある。特別な病気や認知障害がなくても、老化した脳にはふつうに見られる現象である。アルツハイマー病も認知障害が起こる病気のひとつで、徐々に脳細胞が破壊され、精神機能が損なわれる。アルツハイマー病になると、脳にはべたべたしたプラークができて脳細胞相互のつながりを妨げ、いずれは細胞が死滅する。

女性よりも男性のほうが老化にともなう記憶力低下が起こりやすいのだが、閉経後の女性がアルツハイマー病を発症するリスクは男性の三倍に達することがわかった。どうしてこのような性差が出てくるのか不明だが、ホルモン療法を受けていない閉経後の女性よりも、老人男性の脳のほうがテストステロンとエストロゲンの量が多いことと関連しているのではないか、と研究者は推測している。

実験動物の脳を使ったアルツハイマー病の研究によると、エストロゲン・レベルの不具合が見つかったという。しかし平均寿命の長さを勘案したうえでも、なぜ女性のほうがアルツハイマー病にかかりやすいのかは、依然として謎のままだ。

閉経してすぐ、まだ脳細胞が健康なときにエストロゲン補充療法を受けると、アルツハイマー病のリスクが低下するという調査がある。しかし発症してから、あるいは閉経後何十年もたってからでは、エストロゲン補充療法は効果がない。動物実験と人間を対象とした調査の結果から見ると、エストロゲン補充療法で女性の認知症の症状や脳の老化を遅らせることができるらしい。エストロゲン補充療法に女性のアルツハイマー病を予防する働きがあるかもしれないというのは魅力的な考え方だが、まだ証明されてはいない。

女性が——閉経後の女性でも——一人暮らしや老化のストレスを軽減するには、社会的なつながりを維持し、社会的なサポートを得ることがたいせつだ。女性と男性はストレスにたいする反応が異なり、女性のほうが社会的なつながりによって支えられる面が大きい。

いろいろな活動をすることも、脳の老化を防ぐ効果がある。ジョンズ・ホプキンズ大学の調査によると、六五歳以上の男女でバラエティーに富んださまざまな活動をしているひとたちは認知症にかかりにくいという。ウォーキングやバイク・ツーリングのような身体運動が効果的だが、カード・ゲームのような頭脳的な活動も同様に予防になる。

身体が老いるとき、いろいろなレベルで活動的であることがたいせつで、しかも活動の熱心さではなくて多様性がカギとなる。

もうひとつの脳の衰え——テストステロンの喪失

残念ながら閉経期の女性の脳から失われるのはエストロゲンだけではない。五〇歳になるころには、多くの女性のテストステロンは七〇パーセントも低下する。これは閉経で卵巣がホルモンを産生しなくなるだけではなく、受胎能力があるあいだはＤＨＥＡという前駆ホルモンのかたちで女性のアンドロゲンとテストステロンの七〇パーセントを供給している副腎の産生機能も大きく低下し、「副腎皮質機能停止」というホルモン状態の変化が起こるためだ。

閉経後、副腎は——産生機能が低下したとはいえ——女性のアンドロゲンとテストステロンの九〇パーセントを供給している。じつは副腎細胞の一部は四〇歳くらいから死滅しはじめるので、男性も女性も副腎からのテストステロンとアンドロゲンが低下する。五〇歳になるころには、男性は若いころの副腎テストステロンの二分の一、精巣が産生するテストステロンの六〇パーセントを失う。この結果、多くの場合はこの年齢で男性の性衝動は低くなる。脳で性的関心を刺激するにはテストステロンが必要だから、閉経後のテストステロンの急減で、女性もセックスにほとんど、あるいはぜんぜん関心を示さなくなることがある。

男性は成人後の期間の大半、女性の一〇倍から一〇〇倍のテストステロンを産生している。このテストステロン・レベルは三〇〇～一〇〇〇（ミリリットルあたりのピコグラム）で、これにたいして女性は二〇から七〇というところだ。男性のテストステロンは、二五歳をピークとして一年に三パーセントずつ減少するが、それでもふつうは中年期以降で三五〇以上はある――そして男性が性的関心を維持するのに必要なテストステロンは、ミリリットルあたり三〇〇ピコグラムで足りる。女性が性的衝動を感じるにはもっと少ないテストステロンで十分だが、しかし脳の性中枢が刺激される必要がある。

女性のテストステロン・レベルが高いのは一九歳で、四五～五〇歳になると七〇パーセントも低下し――多くの女性はテストステロン・レベルが低い状態になる。こうなるとガス欠の自動車と同じで、視床下部の性中枢で性的欲望や性感に火をつける化学的燃料が不足する。肉体的精神的な性欲エンジンは失速してしまう。

性的関心やパフォーマンスに不満を抱いている女性は、どの年齢でも非常に多い。アメリカ人女性一〇人のうち四人——半数近く——は、性生活のなんらかの面で不幸だと感じているし、四〇～五〇歳になると、この数は一〇人のうち六人に増える。閉経期からその後の女性に最も多く見られる不満は、性的関心と欲望の減少、オーガズムを感じにくいことやオーガズムが弱いこと、肉体的、性的接触への嫌悪だ。

何百万人もの女性がとつぜん自分の性的衝動が消えたことに気づく——そして研究者は驚くほど似た状況が世界じゅうで起こっていることを発見した。この衰退の生物学的な理由は、脳で重大なホルモン変化が起こることだ。それまで卵巣で産生されて脳をホルモン漬けにしていたエストロゲン、プロゲステロン、テストステロンが終息してしまう。副腎および卵巣で産生されていたアンドロゲンとテストステロンは、思春期に高まって二〇代から三〇代初めに高止まりしていたが、年に二パーセントずつ減少していき、七〇～八〇歳になると二〇代のころの五パーセントしかなくなる。女性の性欲は三〇代から年とともに減退し、とくに子宮摘出を経験している女性にはその傾向が顕著である。

女性は性交もセックスへの関心も四〇代か五〇代で低下するが、閉経期に性的パートナーのいる女性の多くはセックスを継続している。老人ホームでの調査によると、七〇～九〇代の女性の四分の一はまだ自慰をしているという。性的関心が低下していて、時計をもとに戻したいと願う女性は、ジェルやクリーム、ピルなどでテストステロンのレベルを若いころにまで回復させると効果があるかもしれない。

しかし最近まで、医学は女性のテストステロン不足にはほとんど関心を払わなかった。むしろ医師たちは、伝統的に男性のものとされていたこの化学物質が多すぎる女性には髭や攻撃性、太い声などの不自然に男性的な特徴が現れるのではないかと心配していた。このような見方の偏りのせいで、ごく最近までテストステロンが足りない女性の実態やトラブルにはほとんど光があたらなかったのである。

性的な不満をどう解消すればいいか?

フェミニスト文化とセックス革命のさなか、およびその後に育った者は、女性は当然、情熱的な燃えるオーガズムで満たされるはずだ、と思っている。この二〇～三〇年のあいだに、簡単に欲情してセックスに燃える、それどころか自分からつかみかかっていくような女性という定型的な女性像が、アルコールで誘惑されてリラックスする必要があるつつましい女性という見方にとってかわった。

だが、この新しい女性もそれ以前の女性像と同じ意味でフィクションである。残念ながら、多くの女性は閉経を迎えるころに、よいセックスというものはなかなか得がたいどころか、身体的にきついか不可能か魅力的でないと気づく。とつぜん自分の性衝動が低下あるいは消滅し、その気にならず、あるいはオーガズムを感じられなくなった――この身体的な変化には控え目に言ってもびっくりするし、がっかりする。わたしは、この問題を抱える女性たちとほぼ毎日クリニックで接してきた。彼女たちは、女性の性的反応について――ホルモンとともにどう変化するか、どれほど個人差があるか、そして女性の人生をどれほど大きく変えうるか――知識がある医師がなかなか見つからないとうったえる。いまでもほとんどの医科大学では女性の性的反応にかんする不可欠の知識を教えていない。

下半身が専門の婦人科医でさえ、性的問題を抱えた女性にろくに答えられず、症状の身体的な原因を発見できないことが多い。その結果、彼らは「要するに老化したってことですよ」と片づけがちだ――これらの問題が女性の人間関係や生活の質にどれほど悪影響を及ぼすかに目を向けない。同様に精神科医やカップル・セラピストも知識不足、認識不足で、あまり力になれない。こちらは問題がすべて頭のなかにある――人間関係のストレスや夫婦間の長期的な問題だ――と見たがる。そこでこうした問題への典型的な対応は精神分析ということになる――七~一〇年も女性をカウチに横たわらせ、不自然な「不感症」やセックスにたいする心理的「抵抗」の根を探ろうというわけだ。このアプローチの困ったところは、人生のこの段階での女性の気持ちの原因は心理的な葛藤ではない、ということにある。ホルモン変化にたいするあたりまえの生物学的、心理学的な反応なのだから。

女性の性欲を回復するカギのひとつはテストステロン補充療法だ。研究者はこの療法の効果に何十年も前から気づいていたが、その情報はアメリカの医学界ではほぼ無視されるか忘れられていた。四〇年前の一九七〇年代に、シカゴ大学の医師たちが乳がん患者に実験的に大量のテストステロンを投与した。テストステロンが、がんを高進させるエストロゲンのレベルを低下させるのではないか、と考えたのだ。がん抑制効果はなかったが、しかし被験者たちは性欲の激しい高まりとオーガズムを経験した。

一九八〇年代にマギル大学のバーバラ・シャーウィンが行った研究でも同じ結果が出た。シャーウィンは卵巣摘出手術を受けた女性にテストステロンを投与した。ホルモンを投与されなかった患者は性欲の急減を報告したのにたいし、テストステロン補充療法を受けた患者はまもなく性的関心が回復したと述べた。

上半身、つまり快楽や欲望と結びついた女性の脳の中枢を標的とする性的機能不全の治療法については、やっと研究がはじまった。そして効果がある治療——テストステロン補充療法がついに受け入れられはじめている。

近年、男性の場合にはテストステロン補充療法が非常に一般的となった。しかし医師たちがテストステロンのジェルや貼付薬、クリームを女性患者にも処方するようになったのはごく最近だ。わたしは一九九四年からテストステロンを女性に処方しており、結果は大変良好である。

女性が性欲の低下を訴えるとき、テストステロン補充療法によって性的関心が戻ることは多い。テストステロンを処方すると女性の自慰欲求が高まり、オーガズムに要する時間が短くなることがわかっているが、しかしパートナーとのセックスにたいする欲求が増加するとは限らない。一部の女性はテストステロンの投与によって性的関心の劇的な改善を経験するものの、ホルモンはかつて考えられたような女性の性的関心改善の万能薬ではないかもしれない。男性でさえ、テストステロンやバイアグラは製薬会社が約束したような魔法の特効薬ではないことに気づいている。

しかしテストステロンのレベルがゼロあるいはそれに近いというのが、男性でも女性でも性的機能不全の理由となることに間違いはない。この状況は男女ともテストステロン補充療法で改善することができる。性的関心がなくなったとうったえる女性——閉経前でも閉経後でも——は、男性ならほとんどの医師が処方するようにテストステロンを試す価値がある。

脳の性中枢への影響に加えて、テストステロンは精神活動を活発にし、筋肉と骨の成長を促進する。マイナス面としては、髪が薄くなる、ニキビが出る、体臭が強くなる、髭が生える、声が太くなるなどの副作用がある。しかし脳への——集中力が高まる、気分がよくなる、エネルギッシュになる、性的関心が高まる——効果があるから、男性でも女性でもおおぜいが、副作用のリスクはあってもテストステロン補充療法を続けたいと言う。

付録2

女性の脳と産後うつ

女性の一〇人に一人は出産後一年以内にうつになる。なぜか、この一〇パーセントの女性の脳は、出産にともなって急激にホルモンが変化したあと、バランスを完全に回復することができない。産後の精神的な変化としてはマタニティー・ブルーから精神病まであるが、いちばん多いのは産後うつだ。産後うつになる女性は、遺伝的な原因でホルモンの変化による、うつになりやすいのだろうと考えられている。

ヴァージニア・コモンウェルス大学のケン・ケンドラーは、とくに産後、性ホルモンの周期に反応してうつのリスクを変化させる遺伝子があるらしいことを発見した。このような遺伝子は大うつ病の発症リスクに影響するとしても、男性だとそのような周期的なホルモンの変化がないので発現しないのだろう。

これらの研究結果から見て、産後うつになった女性に突発する気分症状にはエストロゲンとプロゲステロンの変化がひとつの役割を果たしていると思われる。

この一〇パーセントの女性が産後うつになるにはたくさんの理由がありそうだ。妊娠中は脳のストレス反応に「ブレーキ」がかかっている。ところが産後、いきなりブレーキがはずれる。九〇パーセントの女性の場合、脳は正常なストレス反応に戻るが、産後うつにかかりやすい女性はそれができない。そこでこれらの女性たちの脳はストレスに過剰反応して、ストレス・ホルモンのコルチゾールを大量に産生してしまう。驚き反射が高進し、神経がぴりぴりして、小さなことがとんでもなく大きな問題に思える。赤ん坊について異常なほど心配し、多動になり、夜間の授乳のあと眠れない。疲れきっていても、まるで指がコンセントに差しっぱなしになっているように、夜も昼もいらいらと動きまわる。

産後うつのよく知られた予兆として、過去のうつ体験、妊娠中のうつ、適切な感情的サポートの欠如、それに家庭でのストレスの大きさがあげられる。産後うつにかかる女性はまた、母親という新たな役割になじめずに悩む。彼女たちは自分が何者かわからなくなったと言う。子どもにたいする責任の大きさに押しつぶされそうだと感じる。十分にサポートしてくれないパートナーや身近なひとたちに見捨てられたと感じ、赤ん坊が死ぬのではないかと理由のない不安に取りつかれたり、授乳の問題に苦しむ。自分が「悪い母親」だと思っているが、決して赤ん坊を責めることはない。ほとんどの母親は自分の気持ちを口に出すことを恐れ、うつという病気だとは思わず、落ちこむのは自分が弱いからだと考える。そしてパートナーとの平等な関係を維持し、育児に父親を参加させよ

う と苦労する。

親という役割への移行には、うつやストレスがつきまとうことが多い。まったく新しい人生、現実にぶつかるのだから、気持ちが動揺するのも無理はない。加えて、母親はホルモンの急激な変化によって、一年に何度も自分の現実の量子的飛躍をよぎなくされる。うつやストレスを感じやすい女性は、このような変化に際してバランスを取り戻すのが難しいのだろう。もしあなたがその一人であれば、手のかかる子どもや睡眠不足はうつのリスクが増すばかりだ。

ときにはこのようなストレスのピークが産後一年たってから訪れることもある。さらに産後うつの症状は隠れて見えないことも多い。子どもが生まれてさぞ幸福だろうと思われているので、女性たちはうつを恥じる。だから脳のホルモンのバランスが回復せず、新しいアイデンティティーや授乳、睡眠、子ども、パートナーに適応するのに苦労している場合には、産後うつの気分症状の複雑さを理解することがたいせつだ。

研究者のなかには、授乳が産後うつの予防に役立つ場合があると考えているひとたちがいる。授乳中の母親は、子どもへの脅威となるものを除き、ある種のストレッサーにたいする神経伝達物質の分泌や行動反応が抑えられている。この無用な刺激をシャットアウトする能力は母子のペアにとっては適応的だと考えられる。ストレスの大きな刺激にたいするこのフィルターが機能しないことも、産後うつの発症につながる可能性がある。

明るいニュースは、治療法があり、しかも効果的だということだ。気分を引きたてて幸福感を味わうのに役立つセロトニンのような脳内化学物質が、出産後低下し、産後うつになったママの脳には不足している。医薬品やホルモンによって、その脳を正常に戻すことができる。専門家のあいだでは、産後うつには——とくに重度の症状の女性には——抗うつ剤と支持的な会話療法など他の治療手法を併用することが一般的になっている。

付録3

女性の脳と性的指向

性的指向は、女性の脳にどう組み込まれているのか?

女性の脳にはさまざまな変異があり、それが一人ひとりの能力や行動に反映される。女性の脳の基礎をつくりあげるのは、胎児のときに脳にあらわれる遺伝的変異やホルモンだ。その後、実生活の体験が脳の特定の回路に作用し、個人差がさらに強化される。

女性のなかにあらわれる変異のひとつが同性愛指向である。女性同性愛者は、女性人口の五~一〇パーセントを占めると推計される。

女性の脳は男性の脳に比べ、同性愛指向になる確率が半分ほどしかない。つまり、男性が同性愛者になる確率は女性の二倍ということである。生物学的には男性の脳も女性の脳も、遺伝的変異やホルモン環境により同性愛指向になると考えられているが、その要因は女性と男性では違いがあると思われる。これまでの脳研究のほとんどが、同性愛と異性愛の男性の差についてであり、女性の脳の研究は最近になってようやく行われるようになった。それによると、女性は男性に比べて両性愛者が多く、性的指向の明確な区別がしにくいという。また心理社会的研究によれば、同性愛の女性は、自尊心と生活の質が同性愛の男性のそれを上まわるという。同性愛の男性よりも同性愛の女性のほうが社会で生活しやすいからかもしれない。

性的指向は意識的な自己分類の問題ではなく、脳回路が原因のようだ。何組かの家族や双子の調査により、男性であれ女性であれ、性的指向には遺伝的要素があることが証明されている。胎児期に女性の脳がテストステロンなどの男性ホルモンにさらされると、神経系や脳回路がより男性的な特徴をともなって発達する。この出生前のホルモン環境が、乱暴な遊びを好む傾向や性的指向といった行動特性にいつまでも影響を及ぼす。

子宮内で高いテストステロンにさらされた女性の幼少期の記憶をもとに、自身が自覚する性別や性的指向を評価した研究がある。彼女たちは、出生前にテストステロンにさらされなかった女性に比べ、男の子っぽい遊びを好んだ。また同性愛の傾向も強く、同性愛者や両性愛者になる確率が高かったという。

同性愛の女性と異性愛の女性の脳回路の差異を検証した研究もある。両者で「驚愕反応」を比較したところ、同性愛の女性は驚愕反応が小さく――一般的な男性と同レベル――それぞれの脳回路に違いがあることがわかった。また、聴覚反応の比較でも、同性愛者の女性は男性によく見られるパターンと一致した。発話流暢性テストは一般に男性脳のほうが反応が低く、このテストでも同性愛の女性には男性的な傾向が見られ、男女の中間の成績だった。同じ同性愛の女性でも「女役」よりも「男役」のほうが、男性と女性の中間の成績を示した。一方、異性愛の女性は全体的に、同性愛の女性よりも発話流暢性テストの成績がよかった。これは、女性の脳回路にこのような違いがあることを示している。こうした科学的発見から、女性の脳の性的指向の回路が、個人の遺伝子や性ホルモンの環境にしたがい、胎児成長期に培われるということがわかる。その後の脳回路の挙動表現は、環境や文化の影響を受けて形成される。

■著者紹介
ローアン・ブリゼンディーン（Louann Brizendine, M.D.）
カリフォルニア大学サンフランシスコ校の神経精神医学者で「女性の気分とホルモン・クリニック」を創設。カリフォルニア大学バークレー校で神経生物学を学び、エール大学で医学を修めたのち、ハーバード大学医学部で教鞭を執る。サンフランシスコのベイエリア在住。

■訳者紹介
小泉和子（こいずみ・かずこ）
翻訳家。ジャンルを問わず、書籍、雑誌など、あらゆる媒体で幅広く活動している。

本書は『女は人生で三度、生まれ変わる ── 脳の変化でみる女の一生』（草思社、2008年８月）の新装改訂版です。

本書の感想をお寄せください。

お読みになった感想を下記サイトまでお送りください。
書評として採用させていただいた方には、
弊社通販サイトで使えるポイントを進呈いたします。

https://www.panrolling.com/execs/review.cgi?c=ph

2018年1月3日 初版第1刷発行
2021年5月1日 第2刷発行
2024年4月1日 第3刷発行

フェニックスシリーズ ㉜

女性脳《じょせいのう》の特性《とくせい》と行動《こうどう》
――深層心理のメカニズム

著　者　ローアン・ブリゼンディーン
訳　者　小泉和子
発行者　後藤康徳
発行所　パンローリング株式会社
〒160-0023　東京都新宿区西新宿7-9-18　6階
TEL 03-5386-7391　FAX 03-5386-7393
http://www.panrolling.com/
E-mail　info@panrolling.com
装　丁　パンローリング装丁室
印刷·製本　株式会社シナノ

ISBN978-4-7759-4190-4